PEDRO ALONSO LÓPEZ

EL MONSTRUO DE LOS ANDES

AMERICAN
BOOK GROUP

INNOVANT PUBLISHING
SC Trade Center: Av. de Les Corts Catalanes 5-7
08174, Sant Cugat del Vallès, Barcelona, España
© 2026, Innovant Publishing SLU
© 2026, TRIALTEA USA, L.C. d.b.a. AMERICAN BOOK GROUP

Director general: Xavier Ferreres
Director editorial: Pablo Montañez
Director de producción: Xavier Clos

Colaboran en la realización de esta obra colectiva:
Directora de márqueting: Núria Franquesa
Project Manager: Anne de Premonville
Office Assistant: Marina Bernshteyn
Director de arte: Oriol Figueras
Diseño y maquetación: Roger Prior
Edición gráfica: Emma Lladó
Coordinación y edición: Adriana Narváez
Seguimiento de autor: Eduardo Blanco
Redacción: José Luis Cutello
Corrección: Olga Gallego García
Créditos fotográficos: Creative Commons Attribution Share Alike
(CC BY-SA). Infobae, autor desconocido. ©Shutterstock.

ISBN: 9781681659008
Library of Congress: 2021946882

Impreso en Estados Unidos de América
Printed in the United States

Índice

Bogotá

El Espinal

COLOMBIA

Quito

Ipiales

Ambato

ECUADOR

PERÚ

Lima

Ayacucho

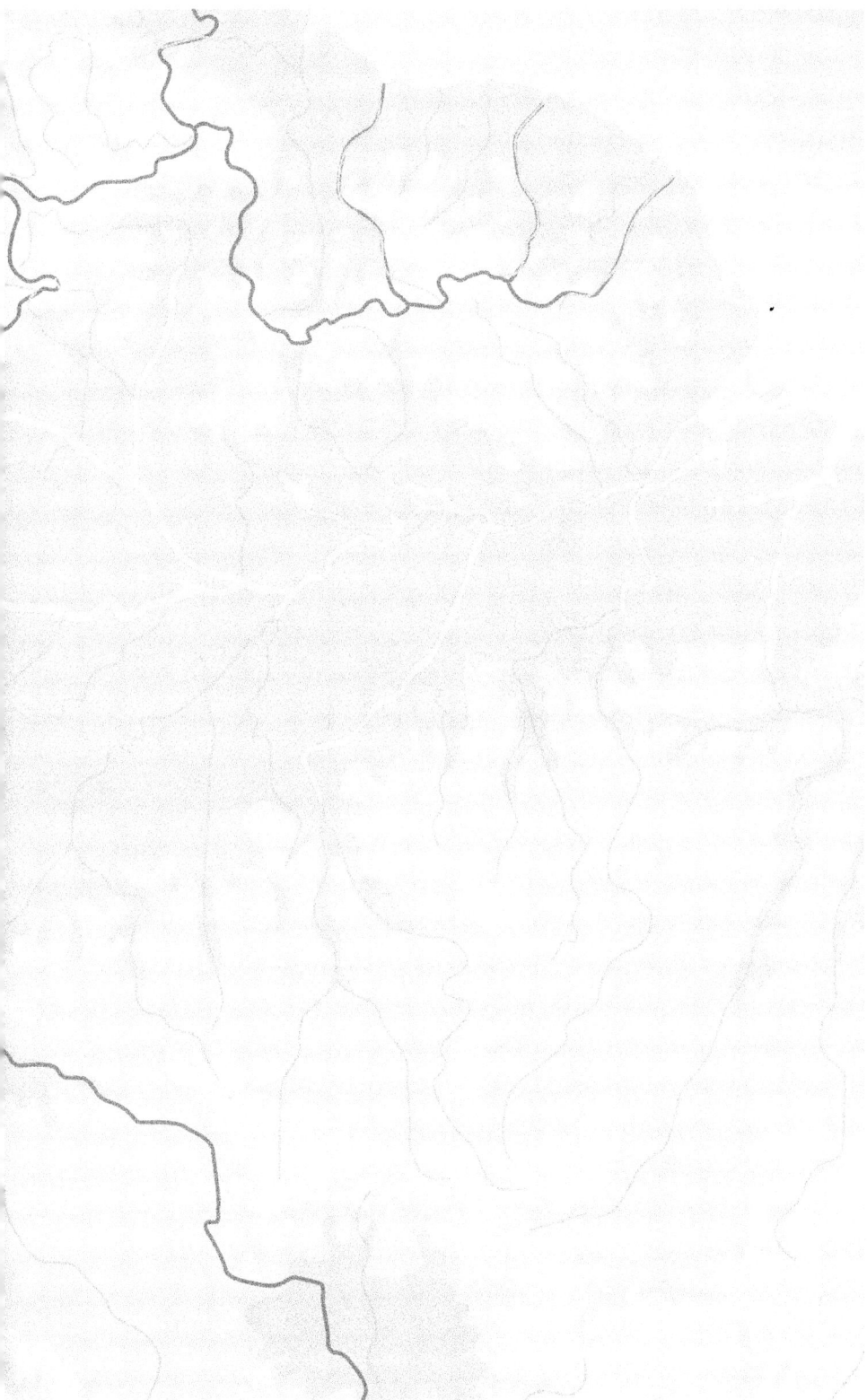

Capítulo 1

EL HOGAR MATERNO

El 9 de abril de 1948 fue un día trágico en la historia de Colombia. Aunque el país soportaba desde 1930 una guerra civil no declarada entre prosélitos del Partido Conservador y del Partido Liberal, y las escaramuzas se hallaban circunscritas al ámbito político, ese viernes comenzaron los actos terroristas que recién acabarían bien entrado el siglo XXI. Se iniciaban así casi 70 años de violencia política.

El abogado y escritor Jorge Eliécer Gaitán Ayala, líder liberal y candidato a presidente, había salido ese mediodía desde los Tribunales de Bogotá hacia el Hotel Continental. Tenía previsto almorzar y reunirse con el entonces líder estudiantil Fidel Castro, quien recorría Latinoamérica buscando apoyos para desafiar al poderoso dictador de Cuba, Fulgencio Batista.

Pero Gaitán Ayala nunca llegó al encuentro: un miembro del Partido Conservador, Juan Roa Sierra, agazapado cerca del hotel, lo enfrentó a la vista de todos y le disparó a quemarropa con un revólver. El líder político falleció alrededor de las dos de la tarde en la Clínica Central de Bogotá, mientras que Roa Sierra era linchado por militantes del Partido Liberal, que dejaron tirado su cadáver en la céntrica Plaza Bolívar, justo frente al Palacio de Justicia.

Cuando se difundió la noticia del magnicidio, una multitud de simpatizantes liberales rodeó el Palacio de La Carrera (hoy «Casa de Nariño»), sede del Gobierno Nacional, e intentó derrocar al presidente conservador Mariano Ospina Pérez. El Ejército colombiano respondió rápidamente enviando efectivos y tanques de guerra que dispararon sin piedad contra la multitud y mataron a unas 300 personas.

La masacre fue la chispa que incendió Colombia y desencadenó «El Bogotazo», una serie de actos vandálicos y terroristas que se extendieron por todos los rincones del país. También, marcó el comienzo de la guerra entre las Fuerzas Armadas y las milicias guerrilleras liberales. Solo esa semana de abril de

1948, unas 3.500 personas fueron asesinadas en la capital, pero la violencia siguió y solo culminaría en 1957 tras un acuerdo nacional. De ahí que el período fuera bautizado por los historiadores como «La Violencia», lapso en el que murieron casi 300.000 colombianos.

Ese mismo viernes en que Gaitán Ayala fue asesinado, las escaramuzas se multiplicaron por todo el territorio del país. A 190 km al suroeste de la capital, la ciudad de San Rafael (Departamento de Tolima) fue epicentro de uno de los primeros ataques terroristas liberales: un grupo armado emboscó en un bar a la conducción local del Partido Conservador y se produjo un intenso tiroteo.

Un día después, los diarios publicaron que durante la balacera había fallecido el dirigente conservador local Megdardo Reyes, un hombre que tenía dos familias paralelas, una «en regla», y otra con una mujer que trabajaba de prostituta en la localidad de Ipiales, Departamento de Nariño, cerca de los Nevados de Santa Isabel.

La mujer se llamaba Benilda López, tenía seis hijos y estaba embarazada de tres meses, producto de su relación con Reyes. Medio año después de «El Bogotazo», el 8 de octubre de 1948, la mujer dio a luz al hijo natural de Megdardo Reyes. Se llamaba Pedro Alonso, y López era su apellido, ya que a falta de padre, había sido anotado en el Registro Nacional de Estado Civil con el apellido de su madre.

Pedro Alonso nació y se crio hasta los 8 años en ese escenario de furia que estalló tras «El Bogotazo», cuando alrededor de 2.000.000 de personas —casi una quinta parte de la población de Colombia— se vieron forzadas a emigrar por causas políticas.

Si a esta circunstancia amenazadora, con asesinatos terroristas, destrucciones de propiedades privadas y persecuciones, le sumamos la muerte de su padre y la cantidad de hijos que tuvo su madre con varios hombres, podemos imaginar cómo era el ambiente de pobreza en que se desarrolló la primera infancia de Pedro Alonso.

Vivía hacinado en una vivienda precaria de los suburbios de Ipiales, un pueblo rural ubicado a unos 950 km al suroeste de Bogotá, con sus seis hermanos y su madre. Pero el asesinato de Megdardo Reyes y el estado de incertidumbre económica en la región obligaron a Benilda López a desplazarse en busca de trabajo cuando Pedro Alonso tenía apenas seis meses de edad.

Esta es la historia de ese niño y también la del hombre que años después sería apodado el «Monstruo de Los Andes».

La infancia

La infancia de Pedro Alonso López permanece aún hoy en una nebulosa. Los datos fragmentarios que se conocen rara vez pueden verificarse, debido a las versiones contrapuestas y contradictorias que brindaron tanto él como su madre.

Lo poco que se sabe con certeza es que, en abril de 1949, Benilda López se mudó con sus siete hijos a Ibagué, capital de Tolima, y que meses después fijó su residencia definitiva en la ciudad de El Espinal, a 153 km al suroeste de Bogotá. De acuerdo con los testimonios que dieron sus vecinos a la Justicia y a la prensa, la familia vivía en una casa humilde de un solo ambiente, cerca de una de las salidas del pueblo, justo enfrente del matadero que abastecía de carne a la zona.

El Espinal era una ciudad rural poco poblada y con un pequeño casco urbano. La región se había empobrecido a raíz de las llamadas «Campañas de pacificación» del Gobierno, en las cuales unidades mixtas del Ejército, la Policía y los grupos paramilitares atacaban a la guerrilla, que respondía también con extrema violencia. En 1952, cuando Pedro Alonso ya vivía allí, la vecina localidad de Líbano fue arrasada por fuerzas gubernamentales y murieron 1.500 habitantes, casi la mitad de la población. Como respuesta a la masacre, las milicias irregulares tomaron enseguida revancha: emboscaron a

Benilda López, madre de Pedro Alonso, fue la mujer extramatrimonial del dirigente Megdardo Reyes, que murió en medio de la balacera de "El Bogotazo". Hay quienes afirman que el hombre perdió la vida en una riña de bar.

una unidad del Ejército y asesinaron a 90 militares. De modo que el efecto de estas «Campañas» solo consiguió incitar a la violencia.

En la vivienda de Benilda y sus hijos en El Espinal, se hallaba la cama de la madre, quien trabajaba como prostituta, y separada apenas por una cortina, la cama donde dormían sus hijos más pequeños. Los más grandes ya se habían ido del hogar; el mayor había ingresado en el Ejército colombiano, donde llegó a ser teniente, y los restantes habían abandonado la casa para trabajar como peones rurales o en tareas domésticas.

Ahora le quedaban cuatro y el más pequeño era en ese momento Pedro Alonso, quien creció en ese ambiente de hacinamiento, viendo y escuchando lo que hacía y le hacían a su madre tras esa roída cortina que separaba fugazmente el mundo infantil del adulto. Pero no sería el benjamín por mucho tiempo; pronto Benilda tendría seis niños más mientras él iba creciendo, «todos de distintos padres», según contaría él mismo.

Cuando Pedro Alonso tenía cuatro años, su madre se casó con Tulio Castañeda, un operario de una fábrica de la zona. La mujer entonces también comenzó a trabajar en la limpieza de un restaurante y Pedro Alonso la ayudaba recogiendo desperdicios y lavando la vajilla, entre otras tareas.

La vida era cruel y exigente, y así también era su madre. De acuerdo con testimonios del mismo Pedro Alonso y de algunos vecinos, Benilda golpeaba cruelmente a sus hijos. Ellos contaron que amarraba a Pedro Alonso a un palo que había en la vivienda, que lo castigaba severamente y que lo dejaba allí por largo tiempo. Y lo mismo hacía con los otros niños. «Los ataba a una silla y les aplicaba fuego a sus pies», relataría un vecino que prefirió el anonimato.

Así lo repitió varias veces Pedro Alonso López para el documental de *A&E*, cuando sostuvo que su madre era «una mujer dominante, maltratadora y tirana», que estaba «enferma de la cabeza», que siendo un niño «tenía que soportar ver» a Benilda

López sostener relaciones sexuales con otros hombres y que, a veces, lo sometía a «fuertes maltratos físicos».

Pedro Alonso era un niño muy introvertido y tranquilo, y cuando era castigado buscaba refugio en la casa lindante de Ana Matilde Gavilán, una de las pocas personas por las que demostró afecto. Gavilán, que habló varias veces con la prensa colombiana, sostuvo que, por su forma miedosa de ser, Pedro Alonso tenía una relación apacible con sus hermanos y sentía especial afecto hacia a uno de los mayores, el que había ingresado en el Ejército.

Sin embargo, y pese a los dichos sobre la conducta agresiva de Benilda, la mujer siempre negó todo, y mantuvo por ejemplo en diálogo con el diario *El Tiempo*, de Colombia, que «él (por Pedro) es un hijo malo y yo no tengo la culpa que haya salido así». Una investigación efectuada por el Departamento de Psicología de la Universidad de Rosario, con sede en Bogotá, dio por probados, en cambio, que el niño recibió maltratos durante la infancia y que estos pudieron desencadenar una repulsión hacia las mujeres y un deseo de violentarlas.

En medio de este ambiente desfavorable, Pedro Alonso alcanzó apenas a completar el segundo año de la enseñanza primaria, antes de convertirse en un niño de la calle. Al respecto, su madre relató que «a Pedro no le gustaba mucho la escuela. Decía que iba, pero se escapaba al matadero que quedaba cerca de nuestra casa para ver cómo sacrificaban animales». De ser cierta esta versión, el niño se entretenía mientras contemplaba cómo se descuartizaban las reses.

La expulsión del hogar

Cuando tenía alrededor de 8 años, la madre sorprendió a Pedro Alonso palpando los pechos de Esperanza, una de sus hermanas menores, y al parecer lo expulsó del hogar, según una de las versiones que él mismo dio al respecto. Dada la edad de ambos (la niña tenía 6), es probable que se tratara de un juego infantil de exploración sexual. No obstante, la prensa colombiana aseveró que Pedro Alonso López estaba «obsesionado» desde pequeño con su hermana y que en 1979, cuando ya eran mayores de edad, habría pretendido forzar a Esperanza a tener relaciones sexuales.

La revista *VEA* difundió incluso declaraciones de Benilda López en las que aseguraba que Pedro «había intentado violar a su hermana», pero al ser indagada por el tribunal que juzgaría en Colombia a Pedro Alonso López años más tarde, negó el hecho. En cambio, el acusado pareció ratificar el intento de abuso ante la Justicia, en un relato interesante aunque bastante impreciso:

«Pues que ella (la hermana de López) está acostada y yo estaba iniciao (ebrio) con unas cervecitas y fue por allá cómo que a tal vez a tocarla será delito. Se me, se me, se me, como dice mi amá, se me escamusea (se rebela) la gusanienta esta (por Esperanza), ella misma lo ha hecho entonces yo lo aprendo. Ja, ja, ja, se me escamusió y se fue para donde mi mamá, mi mamá fue y tranquilo mijito que no le va a pasar nada, ese su hermanito ayuda mucho en la casa, entonces yo me pregunto, yo le llamé la atención a mi hermana Esperanza, por qué se pone así Esperancita, cuándo le he faltao (sic) al respeto... Yo soy sangre de su sangre, carne de su carne la misma familia nunca le he tocao (sic) un pelo, ¿qué voy a tocala (sic) entonces? Se me para toda alevosa y corre donde mi mamá, porque mi mamá la tiene ya envenenada de que cuidado con Pedro Alonso».

Respecto de su salida del hogar materno, Pedro Alonso brindó al menos dos versiones contradictorias entre sí que, asimismo, se contraponen con las explicaciones de la madre. Una decía que su madre lo había echado a los 8 años por haber tocado los pechos de Esperanza; que pasó esa noche a la intemperie y que retornó a la mañana siguiente a la casa, y que enfurecida por su regreso, su madre lo había obligado a subir a un autobús y que lo había abandonado a unos 300 km de El Espinal. En contraste, años después, cuando Pedro Alonso López quedó detenido en Ecuador, confirmó a los peritos psiquiátricos el manoseo a su hermana, pero sostuvo que se fugó por «miedo a recibir una paliza».

Hay también una tercera versión del mismo hecho, recolectada por la prensa entre los vecinos de El Espinal. Este relato sostiene que tras haberle tocado los pechos a su hermana fue severamente castigado por Benilda López, quien llegó a torturarlo. Días después, el niño decidió huir de la vivienda para evitar nuevos tormentos.

Benilda negó las tres versiones de Pedro ante la Justicia: afirmó que había sido una madre muy cariñosa con sus hijos, que no encontró a Pedro Alonso tocando los pechos de su hermana y que nunca lo echó del hogar. Además, recordó con cierto cariño al Pedro de esa época: «Era de carácter noble, tenía gran amor por los otros niños. De pequeño, usando un pequeño cuaderno, les ayudaba a aprender las vocales. Tenía deseos de ser profesor».

En el documental de *A&E*, Benilda López contó además que cuando supo que Pedro se había escapado, corrió desesperada en busca de un chamán del barrio, quien le dijo que el niño se había embarcado en un viaje con un hombre proveniente de la ciudad de Cali. «Yo me puse a llorar y llorar reloca (sic)... Yo lloré y lloré, conseguí plata y me fui pa' Cali. Habían matado a su papá y ahora el niño perdido», narró al canal con hondo dramatismo.

Espíritu de preocupación que no se condice con el relato de Benilda ante la Justicia, que fue radicalmente distinto. Según ella, la causa de la expulsión habría sido nada menos que el hurto de un libro:

«Pedro estaba ya estudiando, en la escuela Kennedy de Espinal y aprobó para segundo. Este año fue que le encontré arreglándole los libros una Historia Sagrada, averiguándole cómo la había conseguido, contestándome que era que la había encontrado, yo le dije que como mañana (un lunes) tenía que ir a estudiar entonces yo se la entregaba al profesor. Ese domingo fui a la plaza a hacer mi mercadito, y cuando vine de la plaza ya no estaba Pedro Alonso, habiéndole dicho a Gilberto (uno de los hermanos menores) que se iba a traerle dulces y no volvió hasta hoy. Cuando Pedro Alonso se fue de la casa tenía más o menos 9 años y el motivo de su ida supongo fue por la Historia Sagrada que yo le encontré y que le dije que la iba a entregar al profesor, porque una como madre no debe alcahuetearle (delatar) a sus hijos nada».

En la misma comparecencia, contó además cómo era Pedro Alonso de pequeño. Cuando el juez le preguntó por el comportamiento del niño con sus hermanos durante la infancia, la mujer dijo que «era normal, porque se saludaban y si le tocaba regañarlo por ser el hermano mayor (entre los que vivían con ella) lo hacía de buen modo, sin palabras groseras. Yo nunca les permitía la calle a mis hijos, ni tampoco recibí quejas de él por mal comportamiento. Por eso digo que él cambió por un mal compañero o un espíritu que tenga en la cabeza, pues Pedro Alonso era de un temperamento tranquilo, pero de los 18 años en adelante cambió totalmente».

Más allá de cuál haya sido el motivo real de su expulsión o la fuga del hogar, la vida de Pedro Alonso cambió radicalmente cuando estaba a punto de cumplir 9 años: ya entonces comenzó a deambular por las calles de Colombia, un país que vivía en guerra permanente y con altas tasas de criminalidad. Ser un niño de la calle no era fácil, sobre todo, si era consciente, como dijo años después, que aun los golpes y vejaciones padecidos en el hogar eran preferibles a una vida solitaria a la intemperie. Ahora habitaba un espacio lleno de peligros. Más allá de la vivienda de su madre, la vida no valía nada.

También los datos acerca de su infancia son controversiales: el propio Pedro Alonso López se encargó de forjar su propio mito y la prensa colombiana publicó sus testimonios sin cuestionarlos ni investigarlos. Así que no se sabe con certeza si las versiones de maltrato fueron reales o constituyeron una forma de manipular y acomodar la historia a su favor para erigirse en víctima y justificar sus actos. Sin embargo, las referencias sobre los hechos de su infancia tampoco pueden descartarse y son probablemente ciertas dadas las condiciones en las que se vio obligado a crecer.

·

Capítulo 2

BOGOTÁ

Como dijimos, Colombia se había convertido en un infierno y las violaciones a los derechos humanos eran moneda corriente. Millones de personas —víctimas de la guerrilla o de las «Campañas de pacificación»— emigraban a las ciudades desde las zonas rurales, donde la pobreza y la falta de perspectivas eran cada vez más acentuadas. Es que los guerrilleros del Partido Liberal se habían asentado en la zona de la cordillera de Los Andes —de características rurales y selváticas, sobre todo, en el límite sur con Ecuador—. Así riadas de gentes humildes, pobladores de estas áreas andinas, escapaban hacia las grandes ciudades de Colombia, como Bogotá, Cali y Medellín.

Estos desplazamientos trajeron aparejados problemas sociales y económicos en las metrópolis. La prolongada guerra civil no declarada provocó que algunas empresas extranjeras abandonaran Colombia y que muchas compañías nacionales cerraran. Por ende, el trabajo era escaso, había un alto porcentaje de desempleo y los índices de inseguridad subían exponencialmente. Baste como muestra saber que la tasa de homicidios en Colombia era entonces la segunda más alta del mundo, 34 muertes cada 100.000 habitantes anuales, dato solo superado por Estados Unidos.

Fue en ese contexto de incertidumbre y vulnerabilidad que Pedro Alonso abandonó el hogar materno en El Espinal y comenzó a vagar por las calles cuando estaba por cumplir 9 años, según él mismo relató a la prensa.

Si bien los psiquiatras que lo atendieron en las cárceles donde estuvo detenido consideraron que Pedro Alonso López era capaz de construir «su propio mito» a partir de la narración de sus andanzas de niño, no hay forma de corroborar estos dichos, ya que el único testimonio que hay de aquellos días es el del mismo protagonista.

Había un niño solo en un lugar donde la vida no valía nada. Es lógico, pues, creer en lo que Pedro Alonso contó. Dijo que su existencia se transformó, como la de otros niños de su condición social en «una rutina degradante»: dormía en donde podía, comía de los contenedores de basura y mendigaba por las calles del Departamento de Tolima. Ese modo de vida humillante duró unos meses, hasta que decidió viajar a Bogotá —a poco más de 150 km al noreste de El Espinal—. ¿Cómo llegó hasta allí? Según el protagonista le contó a la prensa: caminando, solo y sin una moneda. Sí se sabe que tenía ya 9 años cuando vagaba por las calles de Bogotá, en 1957, año en que los partidos Conservador y Liberal alcanzaron una paz frágil en esa guerra civil no declarada gracias a la creación de un Frente Nacional.

Pero la tregua duró poco y no fue acatada por algunos sectores que se volcaron a la guerrilla marxista, como las entonces incipientes Fuerzas Armadas de Colombia (FARC). Así la crisis social y económica siguió intensificándose, con familias completas que se desarticularon, migraciones múltiples no planificadas por todo el país y un sinnúmero de niños abandonados que pululaban en situación de orfandad, aunque muchos de ellos tuvieran padres en algún sitio.

Pedro Alonso, un *gamín* más

Fue en este marco que Pedro Alonso se transformó en lo que en Colombia se denomina un *gamín*, o un *cara sucia*, un «niño de la calle» que sobrevivía como podía formando parte de bandas delictivas integradas por críos y adolescentes de entre 7 y 15 años.

En general, los *gamines* abandonaban sus hogares por motivos forzados, como una situación económica precaria, familias numerosas que no tenían recursos para alimentar a todos sus hijos, hacinamiento y madres o padres ausentes por «La Violencia», que era gran generadora de conflictos domésticos y desplazamientos en busca de puestos laborales, siempre escasos en ese período.

Según los historiadores colombianos, entre los *gamines*, hubo casos de niños que escapaban de sus casas por agresiones sexuales de los padres o de la pareja de alguno de ellos, miedo a los castigos excesivos, problemas de alcoholismo de uno de los familiares a cargo y falta de estímulos para ir a la escuela. Asimismo, también hubo pequeños que no vivían en malas condiciones socioeconómicas, pero que se habían volcado a las calles con espíritu de aventura e independencia. Y, como parte de este conjunto heterogéneo, se hallaba Pedro Alonso.

Los *gamines* convivían de forma estable y por períodos prolongados en grupos que generaban una fuerte relación de pertenencia y un mismo modo de vida: se auxiliaban mutuamente, se turnaban para robar comida u objetos de valor —casi siempre en pequeñas cantidades que después repartían los mayores o los más fuertes—.

Durante el día, los niños se dispersaban por las ciudades en pequeños grupos al mando de un jefe (llamado «perro») y cumplían «tareas» que tenían asignadas: encontrar lugares donde protegerse —como edificios abandonados, baldíos, parques y casetas en las orillas de los ríos—; conseguir comida, a veces robando y otras mendigando; sustraer algún objeto de valor de los coches estacionados y de los comercios. En tanto, por las noches se reunían para dividir el botín que hubieran obtenido, cenar, planificar el día siguiente y dormir juntos.

Los grupos mantenían un sistema jerárquico que se cumplía bajo estrictas reglas de violencia física y sexual y, en casos extremos, con la expulsión de sus integrantes.

Como en toda sociedad que se precie, había clases y división del trabajo. Los *perros* eran en general los más grandes, los más fuertes o los más habilidosos de entre los *gamines*. Los más pequeños eran usados para realizar algunos trabajos específicos y se los llamaba *chinches*, mientras que los *coicos* eran los *gamines* recién incorporados a la gavilla, los nuevos; ellos se ocupaban de las labores «domésticas», como buscar y acondicionar las casas o baldíos, o de cocinar si era preciso. Por último, había una categoría llamada los *jilipos* («tontos o gilis»), a quienes se les enseñaba a realizar tareas muy concretas, como mendigar en las aceras o en la puerta de las iglesias.

En algunas ciudades como Bogotá y Cali, los *gamines* también eran contratados por los pobladores para hacer algunos trabajos callejeros no necesariamente delictivos, como: hacer compras para los vecinos a cambio de unas monedas; vocear diarios en los puestos de periódicos; lustrar botas; distribuir carbón; reciclar basura, o limpiar coches y parabrisas en los semáforos. Pero, también eran contratados por bandas de delincuentes adultos para pedir limosna o directamente para robar.

En la década de 1960, los historiadores registran una multitud de casos de *gamines* que «trabajaban» para conseguir distintos tipos de drogas, en especial marihuana y un compuesto de pasta base de cocaína procesado con ácido sulfúrico y queroseno, denominado *bazuco* o *basuco* en Colombia —el mismo que en España y en otros países de Latinoamérica es llamado *pasta*, *bicha*, *paco* o *PBC*—. Esta droga no solo era terriblemente tóxica y producía una alta mortalidad entre sus pequeños consumidores, sino que aumentaba la agresividad de los *gamines*.

Los investigadores detectaron, además, que algunos niños solían buscar la compañía de un mayor de edad que los protegiera de las inclemencias de la calle y les diera un plato de comida a cambio de favores sexuales. El padecimiento de los niños por violencia física era —y sigue siendo— muy común entre los *gamines*, incluso por parte de las autoridades policiales que solían detenerlos con frecuencia por una noche porque eran menores de edad y dejarles salir a la mañana siguiente, casi siempre apaleados y violados.

Este era el contexto político y social de Bogotá: un crecimiento urbano desordenado y desigual que generaba miseria y

En las calles de Bogotá, Pedro Alonso López padeció vejaciones, peleas y hambre. Una pareja de ancianos se apiadó del gamín y se ocupó de enviarlo a la escuela, donde también fue violado.

hacinamiento sin la atención del Estado, que estaba más preo-
cupado en conseguir la gobernabilidad del país y la pacificación
de los múltiples grupos guerrilleros que por cuidar niños y res-
guardar la vida de los adultos.

Como buen *gamín* desde los 9 años, Pedro Alonso escaló
todos los puestos jerárquicos de las gavillas que integró, según
su relato. Sin embargo, por sus características psicológicas
asociales y su timidez, debió soportar primero muchas noches
de hambre y de violencia física. Apenas ingresó como *chinche* a una comunidad de gamines, un hombre mayor de edad
que rondaba el grupo le ofreció amablemente un lugar donde
alimentarse y dormir. En esa situación de fragilidad, el niño
—seguramente víctima de su ingenuidad y de la falta de cono-
cimiento de la calle bogotana— aceptó de inmediato tentado
por el discurso engañoso.

Esa noche, Pedro Alonso obtuvo un plato de comida que seguramente calmó su estómago. Pero en vez de darle un jergón
donde dormir, el hombre lo condujo hasta un edificio abandonado, le propinó una paliza salvaje y lo violó reiteradas veces. El
hecho que más le sorprendió, sin embargo, fue haber salido con
vida de esa experiencia: tras el abuso, el hombre le dejó tirado en
una acera cualquiera de Bogotá, medio molido a golpes, aunque
sin heridas de importancia.

«Perdí mi inocencia a la edad de 8 años, así que decidí hacer
lo mismo a tantas muchachas jóvenes como pudiera», diría
más tarde Pedro Alonso López. Al respecto, no aclaró si se refe-
ría al abandono por parte de su madre —que efectivamente se
produjo cuando tenía 8 años—, o a la violación que sufrió en
Bogotá cuando tenía 9. Algunos periodistas interpretaron que
se equivocó al mencionar su edad al momento del abuso; otros
consideraron que su inocencia ya había quedado sepultada
mucho antes, no en la ciudad, sino en el hogar de su madre,
Benilda López.

Una nueva esperanza

Las experiencias aterradoras que había sufrido Pedro Alonso López le volvieron desconfiado, aun con sus compañeros de gavilla, quienes no pocas veces le habían golpeado o amenazado. Tras la violación, siguió viviendo en las calles, según narró a la prensa; pero se acostumbró a andar solo y a aplicar sus aprendizajes como *gamín* para beneficio propio: comía de la basura, mendigaba en los comercios de alimentos y buscaba algún rincón donde guarecerse por la noche.

Poco a poco, aprendió los códigos de la violencia callejera y comenzó a aplicarlos a otros niños, a quienes enseñaba a mendigar y a robar comida. No obstante, el temor que sentía ante la posibilidad de ser abusado de nuevo lo obligó a vincularse con otras bandas de *gamines* que no estaban exentas de vicios y maldades. Fue en ese entonces que aprendió a fumar *bazuco* y que debió participar en peleas a cuchillo contra otras gavillas que disputaban los contenedores de residuos o los mejores lugares donde dormir, por lo que muchas veces resultó lastimado.

En una de esas ocasiones —no se conoce con precisión si en 1957 o 1958 (la mayoría de los periodistas que reconstruyeron su infancia se inclinan por este último año)—, Pedro Alonso debió alejarse de su gavilla, al parecer por resultar herido en una pelea, y empezó a mendigar en la puerta de una iglesia.

Su aspecto vulnerable, esquelético y desastrado motivó la piedad de una pareja de ancianos estadounidenses que vivía en Bogotá y que le ofreció ayuda. Pese a la desconfianza inicial, Pedro Alonso aceptó la propuesta de acompañarlos, porque el compromiso había sido formulado por un hombre mayor que tenía esposa. Calculó que no podría ser más peligrosa esa situación que la calle, según contaría muchos años después. Sus benefactores, cuyos nombres él mantuvo siempre en reserva, acompañaron la sincera propuesta con un plato de comida caliente.

Algunos periodistas escribieron que la «adopción» de la pareja fue como la de «una mascota a la que se acoge, de la que se disfruta y a la que se abandona». Pedro Alonso vivió un tiempo en la casa de esa familia y fue ingresado en un colegio religioso con asilo para niños de la calle. Tenía 10 años.

De todos modos, el matrimonio norteamericano no lo abandonó, como sugirió la prensa. Por el contrario, le proporcionó comida, pagó su educación y lo trató muy bien durante casi tres años. Fue el momento más amable de su infancia, quizá el único. Pedro Alonso López explicó que nunca hubiera soñado con un ambiente tan agradable mientras vivía en la calle. Tampoco las veces en que fue detenido e internado en centros correccionales para menores de edad o en casas de asistencia, donde lo mantenían ocupado en trabajos agrícolas.

La familia de extranjeros tenía una posición económica holgada y hasta le había puesto un profesor para que recuperara los años de escuela que había perdido. En esa época, parecía que su existencia cambiaría para siempre, y una esperanza iluminaba su camino.

La desgracia toca a la puerta
La existencia de Pedro Alonso transcurrió en ese tiempo con relativa bonanza: concurría a clases, cumplía tareas agrícolas en la escuela y se vinculaba con otros jóvenes que habían tenido una infancia igual de miserable que la suya. Podríamos decir que era una vida más o menos normal para su condición de niño abandonado. Sin embargo, otra desgracia tocó a su puerta.

Si creyéramos en la predestinación, diríamos que el muchacho estaba condenado de antemano a la fatalidad: cuando contaba con 12 años, uno de los docentes del establecimiento adonde concurría por disposición de sus protectores lo violó. La infamia resultó peor que la vez anterior, porque se trataba del maestro que mejor lo trataba y el que se mostraba más cariñoso con él. Acaso fue un ardid de adulto abusador para ganarse la confianza del niño, según relataría Pedro Alonso López mucho más tarde a la prensa.

La reacción del pequeño fue comprensible: en lugar de denunciar el hecho a sus benefactores o a las autoridades de la escuela; en vez de tratar de conservar esa vida confortable de la que disfrutaba por primera vez, huyó del colegio y volvió a la calle, ahora con más edad y con mayor fortaleza física, ya que había sido bien tratado y alimentado por tres años. De esa forma, renunció para siempre a sus protectores estadounidenses y escapó por miedo a ser nuevamente víctima de abusos.

Sin embargo, esta segunda violación terminó por marcar el destino y desatar la ira del joven Pedro Alonso. Tras los episodios de maltrato, tortura y abandono de su madre; después de una vida miserable en las calles de Bogotá y tras haber soportado tantas vejaciones, debió haberse visto a sí mismo como el niño al que todos le hacían daño. Esta suma de adversidades fue forjando poco a poco una personalidad distinta; un carácter perverso, fuerte y decidido se proyectaba dentro de Pedro Alonso, quien comenzaba a barruntar su venganza. No solo evitó denunciar el abuso a sus protectores, sino que en un impulso también hurtó dinero de una oficina de la escuela antes de fugarse.

Si a esta altura de su existencia el joven tenía algún rasgo de inocencia y bondad, como mencionaba su madre, lo perdió en este episodio en la escuela de Bogotá. Las dificultades que había sufrido en el pasado regresaban en una nueva ola que le fue dando cuerpo a una decisión que tomaría diez años más tarde en una cárcel de Colombia, según contó: «no permitiría que lo dañaran nunca más».

Los sucesos difundidos por la prensa acerca de la infancia y la adolescencia de Pedro Alonso responden a una versión que él mismo relató a partir de 1979, cuando fue detenido y juzgado en Ecuador, a los 31 años. Por este motivo, algunos investigadores del caso pusieron en duda la versión de la violación por parte de un profesor del colegio, sobre todo, debido a la reacción que tuvo el niño al abandonar a la pareja de protectores. Queda la incógnita: varios periodistas que lo entrevistaron estimaron que, si bien podría ser cierto lo que decía, también era posible que constituyera solo una fachada para justificar sus actos perversos.

Un verdadero *perro* entre *gamines*

En los siguientes seis años, si nos atenemos a su relato, Pedro Alonso López siguió sobreviviendo en las calles como podía. Ya no como *chinche*, ahora era un verdadero *perro* entre *gamines*. En los primeros tiempos, realizó tareas agrícolas intermitentemente y ganó algún dinero; mas solo lo justo para comer. Después buscó un trabajo formal, pero a raíz de su escasa formación y de su nula experiencia laboral, los empleadores lo descartaban. Entonces volvió a vivir de lo que conseguía en las calles de Bogotá, según explicó, a veces, efectuando pequeños hurtos; en otras ocasiones, mendigando comida en los restaurantes cuando estaban por cerrar.

Ese tipo de vida le trajo varios conflictos con la Policía de Bogotá, que después de la guerra civil se mostraba celosa en mantener el orden de las calles. Pedro Alonso López fue detenido muchas veces por vagabundear y por hurto, pero en los destacamentos lo dejaban libre por ser menor de edad y por no haber padres a quienes citar. En un par de ocasiones, las autoridades fueron más rudas y terminó internado en un centro correccional para menores de edad, pero debió ser liberado porque sus delitos eran leves. De ahí, solo se llevó palizas con las que pensaban disuadirlo de nuevas correrías, según su relato.

Pedro Alonso contó que, a mediados de la década de 1960 logró convertirse en un hábil ladrón de coches, a tal punto que las bandas delictivas que controlaban el negocio del robo y desguace de vehículos en Bogotá lo contrataban y le pagaban por ello. Pedro Alonso López se jactó en una entrevista de que «llegó a ser admirado por los novatos de ese ambiente», y dijo que había logrado vivir bastante bien de su tarea a los 18 años, cuando dejó la calle y alquiló una pieza, en 1967.

Ese mismo año visitó por última vez a su madre en El Espinal. Pedro Alonso López ya era un habitual consumidor de *bazuco* y solía comportarte de manera soberbia y amenazadora, según los testimonios de la familia: «Lo hicieron malo, cambió por un mal compañero o un espíritu que tenga en la cabeza», repetía Benilda López.

Durante una declaración ante la Justicia en 1995, la madre dijo que Pedro Alonso le había demostrado esta vez un «odio rotundo y desprecio»:

> «Pedro Alonso López llegó a los 18 años, es decir que hacía nueve que se había ido. Yo me encontraba consiguiendo una leñita hacia los lados de la (empresa) Colombiana de Tabaco, cuando llegó mi compadre Melcíades Pielroja y me dijo "Comadre, llegó su hijo". Yo salí corriendo por la orilla del potrero, y Pedro venía con otro amigo oriundo de esta ciudad, pero no recuerdo su nombre. Entonces pregunto de dónde venían y me contestó que venían de baño. Yo lo abracé por la parte de adelante y me dijo luego, ¿usted quién es? Yo me quedo llorando encima del Pedro y el compañero con quien venía Pedro le dijo "es su mamá"».

Cuando le preguntaron a Benilda López por qué entonces su hijo había declarado que venía constantemente a ver a su mamá, ella fue terminante: «Nunca vino a visitarme desde los 18 años (así) que llegué, lo abracé y me dijo que yo era una perra».

En 1967, después de esa controversial visita a El Espinal y de romper definitivamente la complicada relación con su madre,

Pedro Alonso López regresó a Bogotá y mantuvo una vida al margen de la ley: seguía robando coches y, en caso de no poder llevárselos, se conformaba con algunas autopartes, como las llantas de las ruedas o cualquier elemento que los dueños pudieran haberse olvidado dentro del vehículo.

De esta época, hay pocos datos verificables de su vida. Se sabe por la prensa colombiana que a veces vivía en piezas de alquiler y que otras veces dormía en la calle, según el resultado de sus atracos y el dinero que tuviera a disposición, siempre escaso por el consumo de *bazuco*. En ese tiempo no se le conoció novia ni él mencionó que hubiera tenido ninguna.

La presunta habilidad de Pedro Alonso López como ladrón no fue la suficiente como para evitar ser pillado en pleno robo de un vehículo por la policía en 1969. Fue así como terminó encerrado en la celda de la comisaría. Meses después, en un proceso penal, el preso admitió su culpabilidad ante un juez bastante severo que lo condenó a siete años de prisión en la cárcel La Modelo, de Bogotá, el lugar ideal para terminar de pulir el carácter de un asesino.

Capítulo 3

LA CÁRCEL

D e «modelo», como dice su nombre, la cárcel de Bogotá tenía poco y nada. De acuerdo con el testimonio de los historiadores y de especialistas en cuestiones penitenciarias, los centros de detención colombianos no respetaban en ese tiempo las normas básicas de derechos humanos que habían sido consagradas por la Constitución y refrendadas por la Corte Constitucional, que había ordenado la «readaptación social del delincuente como objetivo principal».

Los propios detenidos denunciaron ante una comisión del Senado de Colombia que las violaciones a sus derechos básicos eran reiteradas: sufrían traslados continuos como manera de castigo, se vendían los espacios privilegiados dentro de los penales a los condenados que tenían el dinero suficiente para sobornar a los guardias y era normal el ingreso de armas, bebidas alcohólicas y drogas.

La comisión también detectó que habían ocurrido muertes y lesiones graves en reyertas entre las propias personas privadas de libertad y que los guardias del servicio penitenciario —denominado Instituto Nacional Penitenciario y Carcelario o INPEC— evitaban controlarlas o, incluso, las fomentaban. En resumen, el trato a los detenidos comunes era degradante y cruel. Por cualquier motivo, incluso minúsculo, eran confinados a celdas de aislamiento, donde no recibían visitas médicas ni el alimento suficiente.

Si bien la Corte Constitucional de Colombia había ratificado para los presos «el derecho a la vida e integridad personal, a la dignidad e igualdad, a la salud, al debido proceso, a la libertad de conciencia», la cárcel La Modelo no cumplía con ninguno de ellos. Es que fue un período difícil de la historia del país, durante el cual los detenidos comunes se mezclaban diariamente con presos políticos, que podían ser miembros de las distintas agrupaciones guerrilleras que azotaban el territorio u opositores que estaban a disposición de la Presidencia por motivos que no siempre resultaban claros.

Años después, cuando Pedro Alonso López ya había cumplido su condena, el Gobierno desmanteló una red delictiva dentro del servicio penitenciario integrada por guardias, tenientes y *dragoneantes* («custodios») que extorsionaba a las familias de los reclusos a cambio de no inventar apercibimientos que afectaran sus expedientes de conducta. La recaudación ilegal de los guardias incluía un tarifario por otorgar mejores colchonetas y mayores raciones de alimento, además del cobro de «peajes» para que los familiares pudieran visitarlos, por el ingreso de armas y por permitir que prostitutas cumplieran visitas sanitarias (algo prohibido por entonces). Pero lo más grave que se descubrió fue la complicidad de autoridades en la fuga de un preso común que había sido condenado por juego ilegal y tráfico de mujeres para la prostitución. Nada muy extraño aún hoy en cualquier cárcel de Latinoamérica.

Entre los castigos no contemplados por la Ley, los informes del Senado revelaron que la práctica de «celdas primarias» era moneda corriente: se trataba de calabozos donde permanecían «las personas que iban a ser trasladadas en forma definitiva, o conducidas a diligencias judiciales, o llevadas a un centro de salud, o que saldrían de la cárcel con prisión domiciliaria». En esos lugares, se mantenían hacinadas hasta su partida «entre 20 y 30 personas, sin servicios sanitarios, viéndose compelidas las personas privadas de la libertad a liberar sus necesidades fisiológicas en baldes o en hoyos».

Como conclusión, el parte del Senado agrega: «Lejos de ser establecimientos de rehabilitación social, las prisiones del país se están constituyendo en focos de delincuencia». Es decir, la «cárcel legal» que establecían la Constitución y la Corte caracterizada por normas que regulaban su funcionamiento no era más que una ficción; en contraste, la «cárcel real» era un ambiente que fraguaba una verdadera «formación profesional» de futuros criminales, por decirlo irónicamente.

Recluido en la cárcel La Modelo de Bogotá, Pedro Alonso López se perfiló como el Monstruo de Los Andes: fue violado y se vengó matando a sus agresores.

En el caso de los presos políticos, las crueldades eran aún peores, ya que la Unidad de Tratamiento Especial (o UTE) del Servicio Penitenciario parecía autorizada a aplicar torturas o penas degradantes e inhumanas. Durante un largo período, la UTE de cada cárcel estuvo comandada por militares o policías retirados, los mismos que habían peleado en la guerra civil no declarada o que combatían en ese momento a las distintas fracciones de la guerrilla promarxista. Solo por eso, muchas veces se les negaba a los condenados atención médica y sus familiares no podían visitarlos muy seguido.

Una violación que desencadenó la furia

En ese contexto de violencia y degradación, Pedro Alonso López, que contaba entonces con 21 años, fue encerrado en una celda común y apenas dos días después recibió «su bautismo». Se trataba de una de las costumbres repugnantes de los penales y consistía en que los presos más antiguos y poderosos, dentro de las jerarquías internas que se establecían por la fuerza, poseían «derecho de pernada» con los novatos, sobre todo, si estos estaban detenidos por abusos o violación.

Pese a que no era el caso de Pedro Alonso López, tres presos antiguos lo maniataron, lo amarraron con sogas al catre de la celda y lo violaron reiteradas veces con la complicidad —o el consentimiento encubierto— de los guardias, según relató él mismo a la prensa y a la Justicia años después. De esta forma, el niño presuntamente torturado en el hogar, el *gamín* engañado por un adulto y sodomizado, y el adolescente al que un profesor había traicionado para abusar de él volvían a ser dañados. Los fantasmas del pasado, que parecían haber desaparecido a los 12 años cuando huyó del colegio asilo, regresaron a su mente.

Sin embargo, ya no era un niño indefenso, sino un joven que conocía el sabor de la revancha y que sabía robar, un muchacho que había experimentado la dura lucha para sobrevivir en las calles de Bogotá. Entonces, Pedro Alonso López, quizá ya convertido en la simiente de «El Monstruo de Los Andes» aunque no lo supiera, urdió su venganza con paciencia y meticulosidad: según dijo a la prensa, consiguió materiales en el taller del penal, fabricó sin ser detectado una faca (pincho o cuchillo casero) a la que le sacó filo con una piedra, buscó a sus agresores y en el lapso de una misma semana les cortó el cuello a los tres hombres que lo habían violado.

De este triple crimen, no hay más datos que su testimonio, ya que «La Modelo», como era conocida la prisión, no conservó su legajo. Por lo que pudo reconstruir la prensa colombiana, Pedro Alonso López consiguió encontrarse a solas con los dos primeros violadores, los degolló a sangre fría y ocultó su accionar. En tanto, al tercer agresor sexual lo mató en uno de los patios comunes del pabellón, delante de otros compañeros de celda. Y para evitar represalias, se entregó de inmediato a los guardiacárceles.

Es de suponer que este episodio le granjeó el respeto —y el temor— de otros presos, ya que nunca más fue agredido mientras permaneció detenido. Incluso, su comportamiento en la cárcel fue bueno, según las autoridades penitenciarias. De hecho, el juez que investigó los crímenes consideró que Pedro Alonso López había sido también una víctima.

Las consecuencias psicológicas

Los peritos psiquiatras que lo trataron años más tarde señalarían que este episodio en la cárcel fue fundamental en la formación de su carácter psicótico y perverso, y acaso el desencadenante del «gran placer» de matar. Hasta entonces había sido la víctima de una serie de experiencias traumáticas que había sufrido de niño y adolescente, pero la violación en la cárcel terminó transformándolo en verdugo; psicológicamente, había dado un paso más allá: acababa de convertirse en un asesino.

En la entrevista que concedió a *A&E* en 2004, Pedro Alonso López sostuvo que tras ser atacado en la prisión «quería vengar a todos aquellos que violaran y abusaran como con él lo habían hecho cuando era un menor». Por eso, agregó muy serio, se había jurado que nadie volvería a abusar de él.

El juez que intervino en el triple homicidio cometido por Pedro Alonso López afirmó, finalmente, que el asesino había sido también víctima en ese hecho y sostuvo en su fallo que «mató en defensa propia». Por eso, le agregó solo dos años a su condena original de siete.

Los informes del servicio penitenciario indican que, en el período que cumplió en La Modelo, Pedro Alonso López consumía gran cantidad de revistas pornográficas. No es un dato significativo para su constitución psíquica, pero si le sumamos el rechazo hacia su madre por ejercer la prostitución, podemos hacernos una idea de la imagen degradada y deshumanizada que tenía el sexo opuesto para él. Se trataba de una cosificación de la mujer, al decir de los psiquiatras.

Años más tarde, Pedro Alonso López afirmaría que la conducta de la madre lo había impulsado a violar y asesinar niñas porque «todas las mujeres son impuras y matándolas yo garantizaba su pureza». Psiquiatras forenses que lo trataron de adulto estimaron que los hechos presenciados por Pedro Alonso pudieron haber influido en su posterior sadismo, pues para un niño el acto sexual es una especie de maltrato o sojuzgamiento a una mujer. En muchos casos, indicaron los especialistas, estos episodios provocan una sexualidad adulta patológica, ya sea perversión o neurosis.

Además, su mente había quedado irreparablemente dañada con esa mezcla de miedo, ira y vejámenes de todo tipo que había sufrido. Su sexualidad estaba unida a la violencia, no al sentimiento del amor. Por otra parte, hay además otro episodio narrado por su madre que aporta una pista sobre la importancia de la perversión en las experiencias de Pedro Alonso López. Cuando era pequeño, se escapaba del colegio y caminaba hasta el matadero de El Espinal con el objetivo de observar cómo sacrificaban a los animales. Este morbo por la sangre y la carne, ¿tuvo alguna incidencia futura? Probablemente, sí.

De este modo, el psicólogo y perfilador criminal colombiano, Edwin Olaya estimó que los eventos de abuso, añadidos a su posible psicopatía, habrían despertado en Pedro Alonso López «una compulsión por el homicidio. La muerte se convirtió en el medio para satisfacer muchos de los deseos violentos que se remontan a su niñez».

En conclusión, Pedro pasó años en una celda y la idea de transformarse en victimario fermentaba en su cabeza. En ese escenario de encierro y crueldad extrema, terminó de moldearse el duro carácter que daría paso, ahora sí, al «Monstruo de Los Andes». Tras una larga carrera como mártir de la deshumanización, Pedro Alonso López ahora iniciaría su cacería como predador de humanos.

Capítulo 4

DE VÍCTIMA A VERDUGO

Apenas cumplió la condena, Alonso López se marchó a los pueblos andinos del sur, de donde era oriundo, en busca de un empleo en actividades agrícolas. También se sabe que estuvo unos meses en la ciudad de Cali, 460 km al sudoeste de Bogotá. Ya no era el niño maltratado por su madre, ni el gamín que había sido violado dos veces. Tampoco era el joven ingenuo al que le hicieron pagar «derecho de ingreso» en la prisión.

En esa época, según narró, empezó a perfilar las características de sus víctimas, en su mayoría, niñas indígenas o de familias pobres de entre 8 y 13 años. ¿Por qué? Porque las consideraba «inocentes y puras», en contraposición a su madre, sostuvo. Así, como si un asesino fuera forjándose a fuego lento, Pedro Alonso López se fue cociendo en su propio caldo interno de sangre hasta convertirse en el abusador que satisfacía sus deseos más siniestros, aun a costa de acabar con vidas humanas.

Los psiquiatras que lo atendieron años más tarde estimaron que si eligió a niñas y adolescentes como víctimas fue por la relación que había mantenido con su madre desde su más tierna edad. Pedro Alonso López había crecido con temor a las mujeres en general, nunca se le conocieron novias y en prisión satisfacía sus deseos sexuales con revistas pornográficas. Podríamos inferir que, en su mente, había concebido una visión pobre y desfigurada de la relación con el otro sexo.

La condena que acató Pedro Alonso López en La Modelo de Bogotá es otro de los capítulos oscuros de su vida. Hay al menos dos versiones que se refutan entre sí: la primera dice que cumplió su pena de nueve años y quedó libre cuando tenía 30, a fines de 1978. La segunda señala, en cambio, que a causa de las violaciones que sufrió y de su buena conducta dentro el presidio, las autoridades le otorgaron detención domiciliaria en 1972, dos años y medio después de ser detenido.

Al no hallarse documentación al respecto, no puede precisarse este dato, pero existen dos testimonios del propio asesino que avalan la última hipótesis. Al ser detenido en Ecuador, a principios de 1980, confesó a la Justicia que su ingreso ilegal como indocumentado a ese país se produjo en 1973, según corroboró la psicoanalista Ana Isabel Rosenfeld, quien revisó sus expedientes para su estudio *El monstruo de Los Andes: aproximación psicoanalítica a un caso de asesino en serie*.

El segundo testimonio también figura en el expediente de Ecuador. Cuando la Policía de ese país efectuó un seguimiento de sus crímenes y pidió antecedentes de homicidios similares a sus pares de Colombia, estos informaron que «a partir de 1972 fueron denunciados raptos y desapariciones de niñas de entre los 8 y 11 años, sobrepasando la centena de víctimas».

El parte agregaba que algunos cadáveres de las menores de edad «fueron encontrados en quebradas, cerros y montañas de los alrededores de la ciudad de Cali», una zona que se conoce como «Mangones». La Policia de Cali había iniciado investigaciones para atrapar al entonces denominado «Monstruo de los Mangones», pero nunca logró hallar al culpable de aquellos crímenes. La fecha de ingreso de Pedro Alonso López a Ecuador coincide con el final de los homicidios de niñas en Cali.

Al ser interrogado por el juez penal ecuatoriano, «El Monstruo de Los Andes» también se atribuyó los homicidios de Cali. No obstante, debemos recordar que era un mitómano: en la investigación de varios de los crímenes en los que se inculpó no se hallaron rastros de su participación. Es decir, por más que Pedro Alonso López se hubiera jactado de la matanza de Cali, nunca hubo pruebas para imputársela.

Un asesino, ¿nace o se hace?

La ficha del INPEC dice que Pedro Alonso López medía 1,68 metros, que pesaba sesenta kilos, que no mostraba malformaciones evidentes en el cuerpo y sus rasgos eran normales. No obstante, agrega un dato que parece extraído de un libro del criminólogo

italiano Cesare Lombroso (1835-1909): «Su fisonomía es patológica y presenta facetas de psicópata». Siete años más tarde,
cuando fue detenido en Ecuador, los diarios lo describieron en
cambio como «un hombre soltero, trigueño, de regular estatura,
nariz desviada y una cicatriz en el pómulo derecho».

En las décadas de 1970 y 1980, Pedro Alonso López fue considerado el mayor asesino en serie de la historia del mundo, con
más de 300 homicidios de niñas cometidos en Colombia, Perú y
Ecuador. El abultado número de víctimas y su sangre fría motivaron a los cronistas policiales a bautizarle como «El Monstruo
de Los Andes».

«No es que él (por Pedro) haya nacido malo ni maldito. Él fue
víctima del maltrato constante de su madre, quien lo golpeaba y
torturaba por hacer cosas que los niños hacen», argumentó a la
prensa Esteban Cruz, antropólogo colombiano experto en psicología criminal. Aunque aclaró: «no hay nada que excuse a un
asesino en serie».

Los psiquiatras que lo trataron determinaron que Pedro
Alonso López era un «psicópata perverso», un tipo que men-
tía en muchas ocasiones y que en otras exageraba sus logros y
sus vivencias negativas para aparecer como una víctima social.

«Los psicópatas son depredadores que encandilan, manipulan y
se abren camino en la vida sin piedad, dejando una larga estela de
corazones rotos, expectativas arruinadas y billeteras vacías. Con
una total carencia de conciencia y sentimientos por los demás,
toman lo que les apetece de la forma que les viene en gana, sin
respeto por las normas sociales y sin el menor rastro de arrepentimiento o piedad». La frase es de Robert Hare, psicólogo canadiense
y especialista en criminalidad, y pertenece a su obra: *Without cons-
cience: The disturbing world of the psychopaths among us*.

En *Tres ensayos de teoría sexual*, Sigmund Freud sostuvo que
«solo por excepción son los niños objetos sexuales exclusivos;
casi siempre llegan a desempeñar este papel cuando un individuo

cobarde e impotente se procura semejante subrogado o cuando una pulsión urgente (que no admite dilación) no puede apropiarse en el momento de un objeto más apto». El caso de Pedro Alonso López sería, de acuerdo con el médico vienés, una excepción a la regla, puesto que el único objeto posible de sus deseos apuntaba a menores de edad. No se conoce que haya violado a ninguna persona adulta, ni siquiera a una adolescente mayor de 14 años.

Al respecto, Freud indica que para que la presencia de una perversión sexual sea patológica debe alejarse en extremo de la meta y objetos sexuales comunes a los seres humanos. No obstante, aclara que hay muchas personas que manifiestan anomalías en el campo sexual, pero se muestran normales en otros aspectos de la vida. La patología se da cuando, además de una conducta sexual anormal, el ser humano tiene conductas inusuales de otra clase. Para dar un ejemplo práctico, no todos los hombres que tienen sexo con prostitutas menores de edad (perversión sexual) son violadores sádicos (el crimen), y no todos los violadores matan a sus víctimas (segundo crimen más grave).

Estas particularidades, más usuales de lo que uno supone, condujeron al «Padre del psicoanálisis» a evaluar las condiciones innatas de la perversión sexual. En tal sentido, afirmó que en todos los casos analizados hay algo de innato, pero ese elemento es común también a muchos hombres y mujeres que canalizan sus pulsiones sexuales de una manera normal. Los menos, en contraste, experimentan una represión cultural insuficiente de sus deseos y presentan síntomas patológicos que encauzan su energía sexual hacia el delito. Este sería el caso de Pedro Alonso López entre sus 22 años, cuando habría salido de la cárcel, y sus 30, ya detenido en Ecuador.

Detenerse en Freud podría resultar *demodé* para estas observaciones, ya que el médico vienés se educó y desarrolló sus teorías a principios del siglo xx. Desde ese momento, las ciencias que estudian el cerebro han desarrollado infinidad de técnicas

Pedro Alonso López, el niño maltratado por su madre y también el joven abusado por su profesor, era un psicópata integrado socialmente. Su carácter amable le permitió convertirse en un depredador de niñas vulnerables de entre 8 y 13 años.

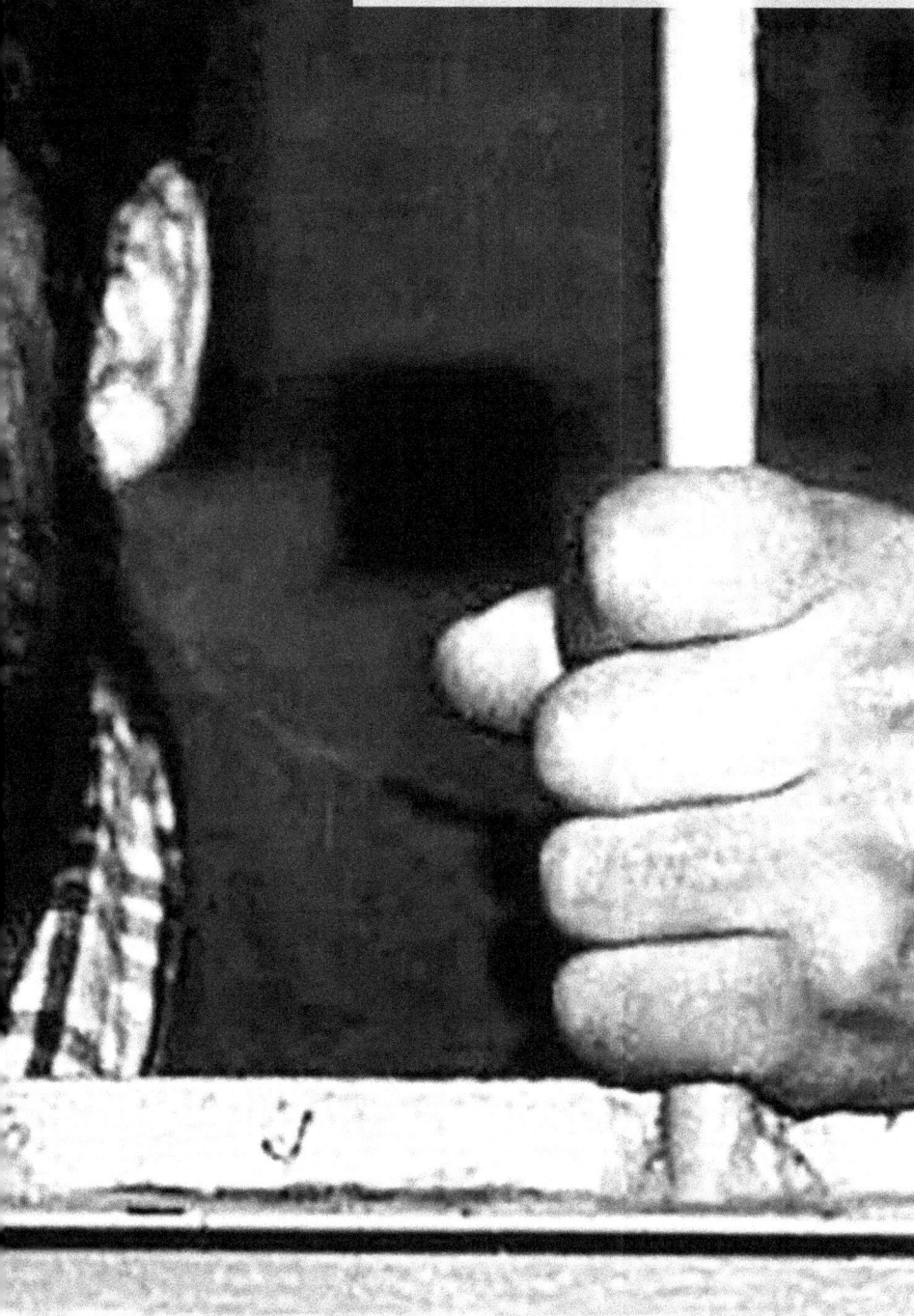

y tecnologías nuevas para analizar casos de asesinos en serie. A través de escáneres cerebrales y la observancia de conductas más o menos reiteradas en delincuentes, la neuroanatomía logró establecer ciertos parámetros comunes para todos los psicópatas asesinos: son fríos hasta un grado inhumano, egocéntricos, no tienen empatía con otras personas, son incapaces de conmoverse ante las emociones y las desdichas de los demás, y, sobre todo, no tienen miedo al castigo al ponerse en una situación de riesgo. La misma tipología que destacaron los psiquiatras que analizaron a Pedro Alonso López.

El neuroanatomista norteamericano James Fallon, de la prestigiosa Universidad de California en Irvine, estudió los escáneres cerebrales de psicópatas y asesinos en serie, tras lo cual logró determinar patrones comunes de sus estructuras físicas que difieren de la gente «normal», por denominarla de alguna forma.

Al analizar segmentos de cerebros, halló dos zonas «apagadas», como las denominan los científicos, es decir sin funcionamiento o con funcionamiento escaso: una era la corteza cerebral por encima de los ojos (el córtex orbitofrontal), que es la parte encargada de regular la ética, la moral y la toma de decisiones; la otra, la amígdala, debajo de esa corteza, que procesa emociones, agresiones y violencia.

En el caso de violadores o asesinos múltiples, el escáner reflejaba un retrato robot, señaló el científico que manifestaban dificultades para emocionarse o dejarse impresionar por el sufrimiento ajeno y, además, manifestaban remordimientos. Esto significa que carecían del freno que impone el lóbulo prefrontal para controlar los impulsos y decidir si una acción es moral o éticamente aceptable.

Otra observación de importancia en el análisis de Fallon consistió en que los circuitos que conectan los sistemas límbicos (el cerebro emocional de los seres humanos) con el centro racional del control de decisiones estaban dañados o desconectados. Los descubrimientos de Fallon sugerían que los cerebros criminales funcionaban de una manera singular y distinta a la del resto de la gente.

Para aclarar estos conceptos, el psiquiatra español Vicente Garrido, profesor de la Universidad de Valencia y experto en criminología, explicó que los psicópatas «tienen dificultades para percibir por parte de la amígdala las emociones morales, el sentido de la justicia, la piedad y la compasión». Por el contrario, simulan emociones que en realidad no sienten: por caso, fingen estar apenados cuando no lo están.

El lóbulo prefrontal, llamado «órgano ejecutivo» del cerebro, tiene otro déficit añadido en caso de homicidas en serie: la amígdala no les avisa los daños o el sufrimiento que pueden causar. «Frente a situaciones de miedo y horror, el lóbulo prefrontal del psicópata toma la decisión de mayor beneficio para el sujeto, aun cuando esas decisiones hayan sido castigadas anteriormente. Por eso se dice que los psicópatas no aprenden de la experiencia. Repiten comportamientos que otra persona ya no repetiría», indicó Garrido. Por ejemplo, una persona normal sabe que si mata puede ser condenado a prisión; un psicópata, no.

El problema es que están centrados exclusivamente en sus metas. En este sentido, resultan egocéntricos y sus deseos apuntan a su noción de placer y control sobre los demás.

Ahora bien, queda claro que estas características no llevan, necesariamente, a cometer violaciones y homicidios como los que cometió Pedro Alonso López. Un psicópata puede ser una persona medianamente común que explota a sus trabajadores, es desleal en sus relaciones sentimentales con amigos y parejas, o perjudica la vida de la gente que le rodea.

Al respecto, Fallón contó en varias entrevistas que, cuando escaneó su propio cerebro, advirtió que compartía ciertos rasgos cerebrales innatos de asesinos en serie. Con mucho humor, se mostró convencido de no ser tan normal y de que podría haber sido un psicópata, en caso de que hubiera tenido una infancia desgraciada o sido objeto de abusos. Con esto, pone en cuestión nuestra pregunta: Un asesino, ¿nace o se hace?

Los anatomistas del siglo xix como Cesare Lombroso, que pretendían descubrir comportamientos criminales en los rasgos físicos y la constitución de los huesos de la cabeza, pecarían de absurdos en el siglo xxi. Garrido explica en tal sentido que en esa época no se tenía la perspectiva de que «lo que funcionaba mal era el cerebro» y no el cuerpo.

En contraste, los neuroanatomistas creen hoy que los genes equivocados mezclados con un ambiente negativo producen un cóctel explosivo que puede derivar en psicopatías, pero, incluso en los peores escenarios sociales, la biología sale triunfante en personas que demostraron una construcción moral intachable, capaces de resistirse a cometer atrocidades, aun bajo el régimen de terror de Adolf Hitler. Garrido narró que hay estudios fascinantes realizados en soldados alemanes que se negaron a cumplir las órdenes de disparar contra judíos, gitanos y homosexuales durante la Segunda Guerra Mundial, incluso con el riesgo de perder la vida.

De todos modos, neurocientistas también estudiaron la posibilidad de las condiciones genéticas innatas para ser un psicópata asesino. Al respecto, descubrieron que la enzima Monoaminooxidasa A (en inglés, *Monoamine oxidase A* o MAOA) está vinculada con el comportamiento agresivo y violento de los seres humanos. En una de sus variantes, es una proteína que disminuye el número de neurotransmisores cerebrales como la dopamina, la serotonina y la norepirefrina, lo que da lugar a depresiones clínicas y esquizofrenia. Pero en otra versión de alto riesgo segrega una insuficiente cantidad de enzimas, con lo cual los neurotransmisores funcionan aceleradamente y disparan la agresividad de la gente. Por eso, se lo denomina «gen guerrero». Esto quiere decir que el MAOA tiene una conexión con el comportamiento violento, según establecieron los científicos a principios de la década de 1990.

Sin embargo, no todos los seres humanos que presentan ese defecto genético se convierten en psicópatas sexuales perversos. Por eso Garrido distinguió en sus estudios entre «psicópatas» y «sociópatas». Los elementos en común de estos últimos son biográficos: han sufrido maltratos o abusos sexuales, crecieron en contextos violentos, como organizaciones criminales y familias disfuncionales. El ejemplo de manual es el de Pedro Alonso López. En este caso, el énfasis radica en el ambiente, que se constituye en el desencadenante de una anomalía psicológica que no tiene regreso.

El docente español analizó la conducta de niños de favelas (barrios carenciados) brasileñas: no todos actúan como delincuentes, pero puede ser suficiente un desencadenante, como la droga o un arma, para que se conviertan en violentos. El sociópata es una persona que adquirió una psicopatía por culpa de factores ambientales muy intensos que marcaron su época más vulnerable: la del desarrollo de la niñez.

Entonces, ¿cuál es la parte genética implicada en el crecimiento de un psicópata como Pedro Alonso López? Casi ninguna, dirán los neurocientistas. Fallon contó que de joven era «una especie de radical genético», pero sus estudios lo llevaron por otros caminos. Ahora está convencido de que tener los peores genes no significa que su destino vaya a estar escrito de antemano. No todos los seres humanos que tienen características genéticas de psicópatas se desarrollan como tales. Si fuera un problema innato o genético, se podría crear una droga para curarlo, propone a su vez Garrido.

La genética, aseguran, podría servir como mucho para extraer información relevante sobre un joven acerca de sus posibilidades futuras de convertirse en psicópata, pero esos datos serían meras estadísticas porque la mayor parte de la población que tiene esas características anormales nunca matará ni violará a nadie en su vida.

Según estudios realizados por el Buró Federal de Investigaciones (FBI o Federal Bureau of Investigation) de Estados Unidos —el país con mayor cantidad de asesinos en serie de la historia—, el 42% de los homicidas sufrieron maltratos físicos en su infancia, el 43% fueron abusados sexualmente y el 74% recibieron continuos maltratos psicológicos.

De todos modos, estos análisis de los investigadores aclaran que no hay una «relación causa-consecuencia» entre los problemas sufridos en la niñez y una vida de delitos, ya que un sinnúmero de individuos sufre violencia y maltratos en la infancia y no se convierten por eso en asesinos en serie. Una de las particularidades más curiosas del estudio consiste en que algunos asesinos en serie disfrutaron, incluso, de «una infancia libre de carencias y maltratos», indica el informe publicado en el libro *The A to Z enciclopedia of serial killers*, de Harold Schechter y David Everitt.

En resumen, ni una determinada carga genética ni las malas condiciones sociales durante la niñez son suficientes para que un ser humano desarrolle un instinto criminal. Los actos monstruosos que cometió durante su vida Pedro Alonso López pueden haber estado condicionados por sus cualidades innatas, por su infancia traumática o por ambas a la vez. Sin embargo, esta es solo una hipótesis, pues el mayor asesino en serie de la historia jamás fue sometido a un escaneo de cerebro.

Si Pedro Alonso López había nacido con característica de psicópata o se había convertido en tal con el paso de los años, poco importaba ya. A esa altura de su vida, había desarrollado una personalidad que sepultó al niño, al *gamín* de la calle, al adolescente y al joven que habían sido maltratados. «El Monstruo de Los Andes» había sido víctima de una sociedad que lo sometió a vejámenes y estaba preparado para vengarse, para ser el verdugo que dañaría y asesinaría sin piedad.

La compleja historia de Pedro Alonso López y sus posibles falsedades acerca de su infancia traumática hacen que no sea fácil precisar en qué momento su personalidad se quebró y emergió el predador. Por los datos biográficos fehacientes, no hay duda de que esa fractura se pudo haber originado en la cárcel La Modelo de Bogotá. Pero también pudo empezar cuando fue violado por el profesor de la escuela asilo a la que asistía.

Lo poco que se conoce a través de los expedientes judiciales es que su inclinación al abuso sexual y al homicidio quedó definida una vez que salió de la cárcel y comenzó a recorrer pueblos de Los Andes en busca de víctimas con las que satisfacer sus ansias de represalia.

El aspecto de Alonso López se asemejaba al de un campesino común y lo único que parecía extraño en su cuerpo era «el gran tamaño de sus manos para su contextura corporal pequeña», de acuerdo con la descripción de los agentes penitenciarios que le custodiaron en prisión. No es casual que esas mismas manos le sirvieran como herramienta para sus crímenes. Pero lo más peligroso de Pedro no era su cuerpo, sino su personalidad, ya que, según testimonios que se recogieron en las investigaciones judiciales y periodísticas, era un hombre que podía integrarse al entorno laboral y pasar inadvertido.

Incluso, era un buen conversador con sus compañeros, lograba que ellos le tuvieran simpatía y se integraba en el entorno social con facilidad. Es decir, se trataba de lo que Garrido denominó en sus estudios como un «psicópata integrado». Tenía gran facilidad para enmascarar sus pensamientos e involucrarse con sus futuras víctimas a partir de su carácter amable: un verdadero peligro para niñas inocentes, pues la vulnerabilidad de ese tipo de víctimas coincidía con la necesidad de «El Monstruo de Los Andes» de descargar su crueldad sin límites.

Capítulo 5

UN ASESINO
TRASHUMANTE

De acuerdo con los estudios del FBI, la mayoría de los asesinos en serie siente placer al matar. A veces, toman sus crímenes como un acto lúdico: pretenden probar que son inteligentes, que nadie puede descubrirles ni atraparles. En muchos casos, ejecutan sus homicidios como forma de gratificación o de venganza contra alguien o algo (la familia, la sociedad, un gobierno o el mundo). Al ser generalmente psicóticos perversos, es difícil establecer sus motivaciones racionales.

En la historia de los asesinos en serie, hay casos realmente extraños: homicidas de inteligencia superior que abandonan pistas de sus crímenes intencionalmente, como una manera de «retar a duelo» a las autoridades policiales y judiciales. Así, estos tipos de asesinos en serie dejan notas en la escena del crimen o envían cartas a los periódicos (Jack el Destripador, en 1888) o revelan su identidad por medio de acertijos enviados a la Policía para demostrar que son mejores que los investigadores (El Asesino del Zodíaco, 1968-1969).

En otros expedientes, encontramos a místicos y visionarios que creen en una misión especial del más allá, como Jim Jones, el falso pastor que indujo a más de 900 personas a tomar veneno en 1978, en Guyana; o Charles Manson, quien el 9 de agosto de 1969 ordenó a su clan los asesinatos de la actriz Sharon Tate y otras cuatro personas en Beverly Hills, California, con el objetivo de desencadenar una guerra racial entre blancos y afroamericanos para cumplir su visión apocalíptica del mundo.

En cambio, Pedro Alonso López asesinaba solo por placer y, si alguna vez tuvo un cometido, como vengarse de los vejámenes que había recibido de niño, cambió su parecer. En la profusión de declaraciones que brindó a las autoridades y a la prensa, dijo que después de haber sido violado en la cárcel «quería vengar a todos aquellos que violaran y abusaran» como lo habían hecho con él cuando era menor de edad. Sin embargo, la supuesta motivación que lo había impulsado terminó por convertirlo en alguien igual a aquellos seres deleznables que odiaba. Pedro Alonso López no había ganado la partida: se había identificado con el agresor.

Más tarde, cuando fue detenido en Ecuador, atribuyó en primera instancia sus homicidios al demonio, y posteriormente se mostró como adalid de una honestidad retorcida al sostener que favoreció a todas las niñas asesinadas, porque «matándolas garantizaba su pureza». En contraste, cuando declaró ante la Justicia, no utilizó pretextos para atenuar sus crímenes. No se mostró místico, ni pretendió usar su inteligencia para excusarse: afirmó que mataba por placer. Es decir, no tenía argumentos ni motivación alguna. Hasta la elección de las víctimas era fruto del azar, del instinto que lo asaltaba en un momento determinado, una cacería a medida para su sadismo.

El crimen de Ambato, en Ecuador

Uno de esos casos arquetípicos ocurrió en la ciudad de Ambato, Ecuador, donde mató, entre otras niñas, a Ivanova Jácome Garzón, de 9 años e hija de un comerciante.

Pedro Alonso López describió que la convenció de que lo guiara «a tomar un carro (coche)» que lo llevase «en dirección al Oriente». Para eso, dijo, actuó «con muchos engaños, ofreciéndole dinero y regalos».

«La embarqué en un vehículo que iba a Pelileo (suburbio de Ambato). Nos bajamos cerca de un puente, en un sitio que hoy sé se llama Las Totoras. Caminamos hasta el lugar denominado La Florida y en un llano (campo) abandonado encontramos una caseta de madera. Entramos en la caseta a la una de la tarde y permanecí con la niña hasta las cinco de la mañana», agregó.

Pedro Alonso López detalló que violó a la menor de edad reiteradas veces durante la noche y que a la hora mencionada la ahorcó con sus manos:

63

«A la primera señal del amanecer me excitaba.
Obligaba a las niñas a tener sexo conmigo y ponía mis
manos alrededor de su garganta. Cuando el sol salía la
estrangulaba. [...] Solo era bueno si podía ver sus ojos.
Nunca maté a nadie de noche. Habría sido un desperdicio
en la oscuridad, tenía que verlas a la luz del día [...].
Había un momento divino cuando ponía mis manos
alrededor del cuello de las niñas y observaba cómo se
iba apagando la luz de sus ojos. Solo aquellos que matan
saben a qué me refiero».

Queda claro que «El Monstruo de Los Andes» sentía una pulsión erótica con la muerte, que buscaba su máximo placer (el orgasmo) en los instantes previos al fallecimiento de sus víctimas. Un placer que completaba con el hecho de contemplar la extinción de una niña, algo que de noche no hubiera conseguido.

Su *modus operandi*

Para que esa «estrategia de guerra» tuviera éxito durante ocho años en tres países distintos, «El Monstruo de Los Andes» mantuvo una organización rutinaria que se basaba en un *modus operandi* simple pero sumamente efectivo: nomadismo, regularidad, prudencia, ruralidad, reposo entre crímenes, versatilidad, no utilización de armas, paciencia y perfil bajo.

- **Nomadismo:** los cambios permanentes de poblaciones y países le sirvieron para no llamar la atención. Su vagabundeo le volvía prácticamente invisible. No obstante el éxito de esa experiencia, cometió un grave error: cuando al final de su carrera delictiva se estableció durante varios meses en la ciudad de Ambato, Ecuador, renunció a una de sus ventajas y fue atrapado.

- **Regularidad:** las autoridades policiales y judiciales lograron establecer un parámetro uniforme en sus operativos de captura, violación, tortura y muerte. Pedro Alonso López engañaba a niñas vulnerables de entre 8 y 13 años, generalmente de poblaciones indígenas pobres, con regalos o con dinero para convencerlas de su amabilidad. De inmediato, las secuestraba. «Caminaba por las plazas buscando a una niña con cierta apariencia en la cara, una apariencia de inocencia y belleza», relató a la Policía.

Como la mayoría de las niñas pertenecía a estratos socioculturales bajos, en general con condiciones precarias de vida, Pedro Alonso López no tenía mayores problemas para convencerlas. Entonces, las apartaba de su ambiente, las llevaba a lugares descampados como montes, zonas selváticas o terrenos baldíos de poblaciones urbanizadas y ahí se convertía en «El Monstruo de Los Andes». Inmediatamente después, escondía los cuerpos en lugares inaccesibles. Incluso, controlaba de manera tan cuidadosa sus pasos que, en dos o tres casos, procedió a desfigurar los cuerpos para que no fueran reconocidos y la Justicia tardara más tiempo en encontrarles.

A lo largo de varios interrogatorios frente a los agentes policiales y la Justicia, Pedro Alonso López explicó que su forma de operar después del secuestro era el mismo, con escasas variaciones: primero golpeaba a sus víctimas, a quienes no dejaba nunca de castigar. En medio de sus golpes, procedía a violarlas. Y cuando estaba a punto de alcanzar el orgasmo las estrangulaba mirándolas fijamente a los ojos. Al respecto, brindó un ejemplo escalofriante:

«Me encontraba libando (bebiendo) en el salón Nilo, de Ambato, cuando se acercó una menor vendiendo un periódico. Compré un ejemplar y le dije que no conocía la ciudad y que necesitaba realizar varias diligencias, para lo cual le pedía que me guiara, previo el pago de cien sucres. Una vez que logré su confianza la llevé bajo el puente de Ficoa, sitio en el cual la ultrajé y la estrangulé apretándole fuertemente el cuello. Luego enterré el cadáver, tapando el pozo con los mismos periódicos que vendía».

Relató que el sufrimiento de esa niña le produjo «un profundo placer» y que la parte más excitante fue contemplar cómo «se les escapaba la vida».

- **Prudencia:** tras cometer sus actos aberrantes, Pedro Alonso López confirmaba que sus víctimas estuviesen muertas: verificaba su respiración o les tajeaba las muñecas hasta que dejaban de bombear sangre. De esta manera, nunca dejaba testigos.

- **Ruralidad:** Pedro Alonso López se cuidó de matar en poblaciones urbanas grandes y evitó a niñas de niveles sociales y culturales altos. En general, cometía sus crímenes en pueblos rurales aislados, remotos, con predominio de población indígena y casi siempre muy pobres. Es decir que se aseguraba de secuestrar niñas cuyos padres no tuvieran el dinero suficiente o las influencias para movilizar a la policía. Sabía que las autoridades eran indolentes con la suerte de los pobres. «A menudo seguía a familias de turistas con el deseo de llevarme a sus hermosas hijas rubias. Pero nunca tuve la oportunidad. Sus padres vigilaban demasiado», relató a la Justicia ecuatoriana.

Por mucho tiempo, no hubo secuestros entre las capas socioculturales medias o altas. Y cuando por fin equivocó su procedimiento y asesinó a la hija de un comerciante, logró que la Policía comenzara a seguir sus huellas.

- **Reposo entre crímenes:** «El Monstruo de Los Andes» tenía otro método para encubrir sus operaciones sangrientas. Entre una serie de asesinatos y la siguiente, trabajaba ejerciendo labores precarias. Cuando la Justicia de Ecuador le tomó declaración, Pedro Alonso López explicó que se había desempeñado en distintos oficios «desde trabajos en el campo hasta la venta ambulante».

- **Versatilidad:** Pedro Alonso López poseía, de acuerdo con los testimonios, una gran capacidad de camuflarse como un hombre común: un día podía ser agricultor, otro día vendedor ambulante, a veces trabajaba en talleres mecánicos, y otras era un indigente que pedía limosna en las iglesias. Esa facultad y su poder de convencimiento le transformaban en alguien muy peligroso, sobre todo, para niñas vulnerables e ingenuas.

- **No utilización de armas:** Pedro Alonso López jamás usó armas de ningún tipo para matar a sus víctimas. «Ni siquiera sogas», según declaró a la Justicia. El hecho de que utilizara sus manos grandes, fuertes y rústicas para estrangular a las niñas no solo demostraba una enorme fuerza, sino que también le quitaba un elemento más a la posible investigación de sus crímenes: la búsqueda del arma homicida. Sin embargo, solía usar cuchillas para desfigurarlas.

- **Paciencia:** los testimonios que lograron tomar jueces y periodistas señalan que Pedro Alonso López disfrutaba mucho del «proceso de seducción» de las niñas, quienes se rendían a sus engaños —dinero, dulces o promesas— gracias a lo que podría llamarse «facilidad de palabra». Tenía, según testigos, una dicción elocuente para el tipo sociocultural de sus víctimas. Los momentos en que las convencía le producían, según contó ante los jueces, «una sensación de excitación». Su *modus operandi* para los secuestros era el siguiente: «El Monstruo de Los Andes» seguía por varios días a la niña que había elegido hasta que ella estuviese sola. Entonces, se acercaba, le hablaba cortésmente, le ofrecía regalos y le pedía que lo siguiera para darle otro regalo para su madre. También, se presentaba en otras oportunidades como una persona perdida y pedía que le mostraran el pueblo. En tanto, si veía que la niña ingresaba a una casa o estaba en una zona peligrosa para hablarle, suspendía su cacería.

- **Perfil bajo:** Pedro Alonso López intentaba no llamar la atención durante sus operativos, elegía cuidadosamente a las niñas, las atrapaba en su red sin violencia y cometía sus crímenes fuera de la vista de los demás.

Una vez que hubo sumado un centenar de crímenes horrendos, Pedro Alonso López comenzó a confiarse debido a su invulnerabilidad y se tornó desorganizado. La ruta de sangre que sembró a lo largo de tres países se fue acercando a su fin cuando se estableció por unos meses en Ambato.

A pesar de su astucia como criminal, acabó cometiendo errores que permitieron su captura. De todos modos, su picardía de predador le permitió engañar a sus víctimas, a las autoridades policiales, a las justicias de Perú, Ecuador y Colombia e, inclusive, a los peritos forenses psiquiátricos que no supieron reconocer su peligrosidad.

La primera captura: Perú

Apenas salió de la cárcel de Bogotá, Alonso López abandonó la capital y recorrió el centro y el sur de Colombia. Algunos periodistas hablaron con testigos que lo vieron en la ciudad de El Espinal, donde todavía residían su madre y algunos de sus hermanos. De sus actividades en aquel tiempo, poco se sabe: él se atribuyó más tarde una serie de homicidios ocurridos en 1972, en la ciudad de Cali, pero en el transcurso de esa investigación no se hallaron pruebas de su participación.

Se sabe que Pedro Alonso López ingresó a Ecuador un año después como indocumentado y que anduvo alrededor de la zona fronteriza que integran el norte de ese país, el norte de Perú y el sur de Colombia. Está claro que era un asesino trashumante, un nómade que mataba en poblaciones rurales de esas tres naciones. Sin embargo, es imposible determinar en qué fechas vivió en cada territorio. Según sus declaraciones, iba rotando de un lugar a otro por la triple frontera para no ser detectado.

Las pistas que lograron reunir los investigadores policiales sumadas a los testimonios de Pedro Alonso López indican que atacaba a niñas de pueblos aborígenes mayoritariamente quechuas y ayacuchanos. Estos habitantes originarios de América del Sur viven, por lo general, en colinas y mesetas ubicadas en la precordillera de Los Andes que une a los tres países. Con este dato, los investigadores lograron discernir estimativamente cómo fue su periplo de asesino.

En su raid criminal por Perú, «El Monstruo de Los Andes» fue beneficiado por la negligencia de las autoridades, que en medio del secuestro masivo de niñas indígenas dedujeron erróneamente que operaba en la región una red de tráfico de mujeres para prostitución o, en su defecto, una red que vendía órganos humanos. En ningún momento se les ocurrió que pudieran estar frente a un asesino en serie.

De todos modos, la gran cantidad de desapariciones había puesto en alerta a las tribus originarias peruanas, que ante la falta de respuesta legal se habían organizado para hacer justicia por mano propia. Cansados de la desidia oficial, los indígenas empezaron a vigilar discretamente a los hombres blancos de la región y, sobre todo, a los extraños.

Pedro Alonso López, que era caucásico y de rasgos comunes, atrajo enseguida la atención de los indios espías. Fue así como, en una de sus tantas incursiones criminales por el norte y el centro de Perú, se encontró cara a cara con la venganza y no fue asesinado de milagro.

Un día, mientras intentaba seducir a una niña en un poblado ocupado por tribus ayacuchanas, en la Sierra Central de Perú, Pedro Alonso López fue atrapado *in fraganti*. De acuerdo con la denuncia de los indígenas a la Policía, Pedro Alonso fue visto por miembros de la tribu mientras intentaba secuestrar a la pequeña de 9 años a la vera de un bosque cercano al pueblo de la comunidad. Cuando fue apresado, el asesino admitió el hecho, pero no pudo precisar el lugar exacto donde ocurrió.

Apenas se produjo la captura, los nativos resolvieron hacerlo confesar mediante torturas: le desnudaron, le quitaron sus pocas pertenencias, le ataron a un árbol y le sometieron a tormentos durante varias horas. Entre otros vejámenes, según contó Pedro Alonso López, sus captores le frotaron el cuerpo con ortigas verdes, una planta que al contacto con la piel humana produce una reacción urticante.

Pedro Alonso López relató entonces que había violado y asesinado a las niñas desaparecidas. Tras su confesión, los ayacuchanos decidieron aplicar la pena de muerte por medio de un método ancestral: enterraron su cuerpo hasta el cuello en una zona arenosa, dejaron la cabeza al descubierto y la untaron con miel de abeja. El castigo tenía como finalidad que los insectos, sobre todo las hormigas, acabaran con su vida lentamente, siempre y cuando no apareciera un alacrán y le diera muerte súbita.

Esa vez la suerte, la piedad o el sentido de justicia actuaron a su favor. Una misionera evangélica estadounidense, que trabajaba en el desarrollo social de las poblaciones autóctonas de Perú, se hallaba casualmente en la zona. En cuanto se enteró de que había un prisionero torturado, se dirigió al poblado e intervino con energía: convenció a los ayacuchanos de que debían entregar al homicida a la Policía y no convertirse ellos mismos en asesinos, según relataron ciertos testigos al canal *A&E*, así como a los medios de prensa peruanos.

Entonces, Pedro Alonso López fue atado con una cuerda, depositado en la parte trasera de la camioneta que usaba la misionera y entregado en el destacamento de Policía, donde los indígenas relataron los crímenes que había confesado el detenido y reiteraron su pedido de justicia.

En una de sus entrevistas posteriores, el asesino rememoró de distinta forma este episodio:

> «Los indios en el Perú me habían atado y enterrado en
> la arena hasta el cuello cuando se enteraron de lo que les
> había estado haciendo a sus hijas. Me habían cubierto de
> miel y me iban a dejar para ser devorado por las hormigas,
> pero una señora misionera americana vino en su jeep y les
> prometió que me entregaría a la Policía. Me dejaron atado
> en la parte trasera de su jeep y se alejó, pero ella me soltó
> en la frontera de Colombia y me dejó ir. Yo no le hice daño
> porque ella era demasiado vieja para atraerme».

Esta versión de Alonso López es falsa, según se comprobó en Ecuador. La Policía de Perú llegó a fichar al detenido, pero no tuvo en cuenta la denuncia de los indígenas. En cuanto un juez observó que se trataba de un indigente indocumentado y que había confesado bajo torturas, resolvió deportarlo a Ecuador, de donde dijo proceder.

En realidad, el comportamiento de «El Monstruo de Los Andes» había sido tan prudente que era imposible verificar las denuncias. Hasta ese momento, nadie había aportado ninguna prueba de que hubiera atacado a alguna niña. Y en esa época ningún juez hubiera detenido a un hombre por el intento de seducción de una pequeña.

Así sucedió que la Justicia peruana optó finalmente por desembarazarse del problema y obligó a Pedro Alonso López a abandonar el país.

Más asesinatos en Ecuador

Lejos de abandonar su vida criminal después del escarmiento sufrido, Pedro Alonso López repitió su rutina en el norte de Ecuador: viajaba de ciudad en ciudad, siempre cerca de la frontera con Colombia, y se dedicaba en principio a hurtos menores y al contrabando de fósforos, según su testimonio. Al mismo tiempo, estudiaba el terreno para reanudar su cacería.

Cuando meses después los secuestros de niñas se hicieron evidentes, la Policía de Ecuador cayó en la misma trampa que la de Perú: investigó la posibilidad de que estuviera actuando en la zona de la triple frontera una red de tráfico de mujeres para esclavitud sexual, a la que le atribuyó un sinnúmero de desapariciones en poblados rurales y andinos. Pero no había ninguna mafia: Pedro Alonso López deambulaba por las aldeas del centro y norte de Ecuador asesinando impunemente, allí donde la población era mayormente indígena.

En una ocasión, se estima que a principios de 1979, Pedro fue detenido en la ciudad de Cayambe, casi 70 km al norte de la capital, Quito, sindicado por una tribu quechua como sospechoso de la violación y la muerte de una niña. Sin embargo, sacó a relucir ante las autoridades su facilidad de palabra y sus rasgos perversos: convenció a la Policía de que era un indigente que buscaba trabajos temporarios por la zona. Y no solo fue liberado, sino que los agentes y algunos pobladores hicieron una colecta para que pudiera viajar hasta otro pueblo, donde se buscaba mano de obra para la siembra de campos. Fue entonces que se dirigió hacia el sur del país.

El escandaloso número de homicidios que cometió antes de ser detenido no se debe exclusivamente a su astucia o a su perfil de psicópata, sino también a la desidia de las autoridades.

Si bien no estaban preparados en la zona andina para tratar con un asesino en serie, ni el Gobierno ni la Justicia crearon un organismo especializado para esos casos. Además, la pasividad social y la política frente a los crímenes de niñas de clase baja y de pueblos originarios fue, por así decirlo, un aliciente para que Pedro Alonso López continuara con su raid de locura y muerte. La Policía prefería atribuir las desapariciones a la trata de mujeres en la región, un mal endémico en América del Sur, que en aquel entonces no era central ni para las instituciones internacionales ni para los gobiernos nacionales. Además, el hecho de que las niñas fueran indígenas le daba una fuerza menor al reclamo entre funcionarios mayoritariamente blancos, otro mal endémico del continente. Si se morían niñitas indias, no mostraban urgencia en actuar.

El día en que fue secuestrada la hija de un comerciante de clase media muy respetado —también de raza indígena—, la Policía recibió la orden de prestar atención al tema y buscar a los culpables. En la ciudad de Ambato, provincia de Tungurahua, 150 km al sur de Quito, Carlos Jácome era dueño de una de las panaderías más concurridas. Cuando el 16 de febrero de 1980 —según el expediente judicial— desapareció su hija Ivanova, el padre consiguió movilizar a las autoridades.

El propio Jácome repartió volantes con el rostro de su niña en las principales ciudades de esa región de Ecuador con la intención de que alguien la reconociera y ofreció una recompensa de 25.000 sucres (alrededor de 1.000 dólares en ese entonces) por el suministro de datos. En tanto, un juez pidió colaboración a las autoridades de Perú y Colombia.

Desde este último país, llegó un parte policial que comunicaba casos similares en El Espinal, el pueblo donde había vivido de niño Pedro Alonso López. Esta información puso a la Policía de Ecuador detrás de la pista de un posible asesino en serie; entonces los agentes de la provincia de Tungurahua comenzaron a interrogar, ahora con rigor, a las familias de las víctimas.

Sin embargo, fue un evento climático el que terminó de convencer a la Policía de que se enfrentaba con un asesino en serie: el 7 de marzo de 1980, una fuerte tormenta tropical cayó sobre la zona y se convirtió, en pocas horas, en unas de las más grandes inundaciones de la historia de Ecuador. El fenómeno meteorológico perjudicó principalmente a Ambato: una riada inundó el casco urbano de la ciudad. La violenta correntada de las aguas removió tierras en una cañada ubicada en las sierras adyacentes al casco urbano y, de repente, un cadáver quedó flotando en la superficie.

Los vecinos del barrio llamaron a la Policía, que descubrió inesperadamente una fosa común. Las autoridades ordenaron cavar en la zona y descubrieron otros tres cadáveres de niñas. Las cuatro presentaban signos de haber sido golpeadas, violadas y asesinadas. Conclusión: había un asesino serial en la zona y se había tomado el trabajo de ocultar los cuerpos.

El descubrimiento de la fosa fue relacionado de inmediato con otro hallazgo que había sido denunciado la tarde anterior: peones de campo, que estaban realizando tareas de deshierbe en la zona rural de Ambato, sintieron un fuerte olor proveniente de una caseta que utilizaba el guardián del campo. Al abrir la casilla, los trabajadores se encontraron con un pequeño cuerpo en avanzado estado de descomposición, la ropa interior a un costado y un charco de sangre solidificado, según el diario local *El Comercio*. El cadáver fue enviado a la morgue para que le practicaran una autopsia e identificaran. Al día siguiente, se supo que era una niña, que había sido violada y estrangulada, y que se trataba de Ivanova Jácome Garcés, la hija del comerciante.

A partir de entonces, un fiscal analizó las denuncias de secuestros en Ecuador en el último año y notó varias similitudes: la mayoría de los informes forenses indicaban que las niñas y adolescentes habían sido asfixiadas por estrangulamiento, que el asesino había utilizado sus manos y que las edades oscilaban entre los 8 años y los 13 (una sola, de 14, superaba ese promedio). Con estos datos, los investigadores comprobaron que no se trataba de una red de tráfico de órganos, pues los cadáveres estaban completos, y que las víctimas eran tan pequeñas que difícilmente se tratara de una red de tráfico para prostitución.

La información apareció por primera vez en los titulares de la prensa gráfica y en los noticiarios de televisión: Ecuador tenía su propio asesino en serie, como en las películas norteamericanas.

La segunda captura

Más allá de investigar las pistas que literalmente «les habían caído del cielo», las autoridades estaban tan desorientadas con los asesinatos múltiples que habían quedado cara a cara con «El Monstruo de Los Andes» sin haberlo advertido. Si los crímenes fueron descubiertos a raíz de un evento climático, la detención de Pedro Alonso López se produjo debido al coraje de los vecinos, no de la Policía.

Mientras se realizaban interrogatorios masivos en Ambato, un vecino informó a un policía que, dos días antes de la inundación, una comerciante que mantenía un puesto en el mercado de la Plaza Urbina había observado que un hombre con aspecto de indigente, que decía ser vendedor ambulante, había intentado seducir a su hija de 12 años, y que había sido aprehendido. Al notar la maniobra de Pedro Alonso López, la madre pidió ayuda a viva voz y otra puestera del mercado empezó a perseguir al fallido secuestrador.

Los gritos de ambas mujeres y el nerviosismo general ante la serie de crímenes provocaron que otros pobladores se movilizaran en su auxilio y consiguieran detener y maniatar al hombre. A las cuatro de la tarde del domingo 9 de marzo de 1980, la carrera criminal de Pedro Alonso López había acabado. Tenía 31 años.

Carlina Román, la puestera de Plaza Urbina que lo persiguió, declaró lo sucedido al diario *El Tiempo*:

> «Cuando mi vecina, que vende pescado frito, me contó que un sospechoso había tratado de seducir a su hijita, la convencí de la necesidad de apresarlo. La niña me indicó el sitio donde estaba el canalla. Cuando lo encontré estaba tratando de convencer a una pequeñita como de diez años. Lo seguí decidida a todo. Él se dio cuenta y empezó a correr. Yo también corrí. Sentía que las fuerzas me abandonaban y pedí a varios hombres que me ayudaran. Por fin, un hombre, José Pazmiño, me comprendió y los dos detuvimos al criminal en el Parque Maldonado. Yo no lo soltaba del brazo. Así hasta que llegó un policía que estaba franco, pero que fue una garantía para mí. Luego vinieron más policías y recién pude sentirme segura porque la verdad es que me moría de miedo».

¡«El Monstruo de Los Andes» estaba detenido y las autoridades no lo sabían! Por el contrario, los agentes que encerraron a Pedro Alonso López en un destacamento de Policía informaron a sus superiores que se trataba de un hombre desnutrido, poco aseado y que en los interrogatorios pronunciaba frases incoherentes. En opinión de ellos, era un demente con tendencias sexuales desviadas más que el asesino serial que buscaba la Justicia. Sin embargo, cuando aparecieron los cuerpos de las niñas estranguladas vincularon ese caso con el intento de secuestro en el Mercado de Plaza Urbina.

Entonces, Pedro Alonso López fue interrogado nuevamente y respondió con frases absurdas. No obstante, balbuceó que sabía sobre la fosa común en la cañada. Uno de los agentes del Grupo Especial de la Policía —una brigada de crímenes complejos de terrorismo y combate a las mafias— tuvo una idea para obligarle a hablar: como Pedro no dejaba de pronunciar expresiones místicas, el oficial supuso que sería creyente o al menos supersticioso, y sugirió que un sacerdote se relacionara con el prisionero. Al fin y al cabo, no iba a ser la primera vez que un cura convenciera a un pecador de que era necesario confesar la verdad.

Así fue como el padre Córdoba Gudiño, muy conocido en Ambato y bastante persuasivo, según detalló la prensa local, se ganó de inmediato la confianza del asesino. «El Monstruo de Los Andes» admitió finalmente que había cometido los asesinatos y sostuvo que había sido inducido por el demonio. A continuación, sus contradicciones habituales afloraron y narró que les había hecho un bien a las niñas, puesto que «matándolas garantizaba su pureza». Fue entonces cuando le explicó al sacerdote que ese impulso le había nacido al ver a su madre tener varios hijos de distintos padres. «Todas las mujeres grandes son impuras», enfatizó ante Gudiño.

«Me gustan las niñas de Ecuador, son más amables, confiadas e inocentes, no son tan desconfiadas como las colombianas», dijo con una frialdad que asustó al clérigo. Periodistas que investigaron el caso señalaron que al sacerdote le temblaron las manos cuando Pedro pronunció una de sus frases más famosas: «Perdí mi inocencia a los ocho años, entonces decidí hacer lo mismo con todas las jóvenes que pudiera». Una aseveración que no daba lugar a más preguntas. Las crónicas afirman que Gudiño escuchó durante dos horas actos tan repulsivos de violencia que se descompuso y pidió que le sacaran de la celda.

Las continuas contradicciones de «El Monstruo de Los Andes» generaron una polémica desde el mismo momento de su detención: ¿Tenía una genuina patología mental o era una estrategia para eludir sus responsabilidades? Los psiquiatras que le atendieron en Ecuador respondieron que ambas posibilidades eran factibles: todo psicótico perverso intenta manipular a los demás en su propio beneficio.

Finalmente, entre abril y mayo de 1980, Pedro Alonso López declaró ante la Justicia de Ecuador haber violado, torturado y asesinado a más de cien jovencitas en ese país. Cuando le preguntaron sobre sus antecedentes penales en otros dos países fronterizos, aceptó que había matado a una cien en Colombia y, de nuevo, a más de cien en Perú. A los investigadores les quedó claro que «El Monstruo de Los Andes» no llevaba la cuenta y que el número era simbólico.

Además, se mostró orgulloso de la hazaña apenas lo interrogaron por su presunta participación en una red de tráfico de mujeres: «Yo soy la única persona que se ha llevado a todas esas niñas y no solamente han desaparecido de sus hogares, sino que están bien muertas y violadas. Estoy en capacidad de demostrárselos llevándolos hasta los sitios donde las cubrí con tierra, para que las entreguen a sus padres. Esas calamidades también las he cometido en Colombia y en Perú».

Esta declaración da cuenta de la necesidad que tenía Pedro Alonso López de ser reconocido como alguien que ha hecho algo importante. La megalomanía hacía que se adjudicara crímenes de los que no había sido acusado. Como ya vimos, en Perú fue deportado sin haber sido juzgado por los asesinatos de niñas ayacuchanas y, en Colombia, fue procesado años después por una sola violación y muerte. Así que el número de «más de 300» víctimas, con el que pretendía superar el **Récord** *Guinness* de asesinatos en serie es parte del mito. No se sabe a ciencia cierta cuál fue el número real de asesinatos que cometió.

Durante la narración de su carrera criminal, Pedro Alonso López justificó su preferencia por las niñas de modo sencillo: eran «fáciles de convencer». Por supuesto, en la siguiente entrevista cambió de opinión y sus palabras se volvieron más perversas:

> «Es como comer pollo. ¿Por qué comer pollo de edad cuando se puede tener el pollo joven? Quería tocar el placer más profundo y la excitación sexual más profunda, antes de que su vida se marchitara».

El cinismo que exhibía en sus testimonios quedó probado con una declaración a un periodista que le consultó por el asesinato de una niña de 14 años en Cotocollao, un suburbio de Quito:

> «Bueno, capitán, allí metí la pata al comerme una vieja».

Consultado sobre el crimen de Ivanova Jácome Garzón, Pedro Alonso López se declaró culpable de rapto, violación y estrangulamiento. Contó que, en febrero de 1980, en la avenida Los Andes de Ambato, convenció a la niña y la llevó hasta un descampado. Para que no quedaran dudas de su autoría, la recordó con muchos detalles:

> «Menor, ojos verdes, pelo rubio, color blanca, la misma que vestía un short color azul, llevaba un delantal color tomate, estampado, zapatos blancos, medias azules».

Un asesino orgulloso y cooperador

Luego de dar precisiones sobre Ivanova, el asesino contó cómo se desembarazaba de los cuerpos de sus víctimas. Así, en una declaración terrorífica, sostuvo que a las niñas «les gustaba tener compañía. Solía poner tres o cuatro niñas en un hoyo y hablarles [...]. Era como hacer una fiesta, pero después de un rato, como ellas no se podían mover me aburría e iba a buscar nuevas niñas». El delirio macabro, la insensibilidad del psicópata y su incapacidad de experimentar arrepentimiento se hacían cada vez más visibles.

A lo largo de varios interrogatorios frente a los agentes policiales y la Justicia, Pedro Alonso López explicó que su forma de operar después del secuestro era el mismo, con escasas variaciones: primero golpeaba a sus víctimas, a quienes no dejaba nunca de castigar. Después, en medio de sus golpes, procedía a violarlas y, finalmente, las estrangulaba.

Este tipo de declaraciones motivaron que el juez y el fiscal se mostraran en un principio escépticos acerca de sus acciones y el número de víctimas que se adjudicaba. Las autoridades creyeron que estaban delante de un demente con delirios de grandeza: su figura raquítica, descuidada y a simple vista débil no coincidía con la idea de asesino en serie que se habían hecho. Estaban equivocados.

Cuando Pedro Alonso López advirtió que dudaban de sus declaraciones, se ofreció a llevarles personalmente a los parajes donde había enterrado los cuerpos. Quería mostrarles «sus lugares históricos», dijo. Fue así como una comisión policial lo paseó por varios suburbios de Ambato, donde se descubrieron los cuerpos de 52 niñas en 28 fosas comunes, hecho que recuerda el recorrido de «El Arropiero», el asesino serial más grande de España.

Según los partes incorporados al expediente judicial, el asesino se mostró en todo momento participativo y orgulloso de exhibir sus «logros». A esa altura, narraba cómo había matado a cada una de las niñas, proporcionó el nombre de algunas de ellas para que fuera más fácil la identificación y hasta se enorgulleció de su método sociocriminal. Dijo a los policías que su imagen de mendigo era un disfraz para pasar inadvertido:

> «Nadie se fija en los pobres, se apartan de ellos, son invisibles».

En total, la Policía recuperó cadáveres de 57 niñas, víctimas del «Monstruo de Los Andes», aunque él insistió en que habían sido unas 110. Tras las inundaciones de Ambato, era posible que las riadas hubieran arrastrado o esparcido algunos cuerpos por los campos, que estos hubieran quedado a merced de alimañas y que se hubieran deshecho, estimaron los investigadores.

Antes del fallo, Pedro Alonso López, de 33 años, fue invitado a decir sus últimas palabras frente al Juzgado Cuarto de lo Penal de Tungurahua y sorprendió una vez más a los magistrados, de acuerdo con las versiones de la prensa:

> «Yo no tomo mucha importancia a lo que he hecho, porque estoy sujeto a la Ley y hay posibilidades de que tome un camino más recto. No le tengo miedo a la muerte, pero quiero seguir viviendo y ofrezco el brazo izquierdo y la pierna derecha como castigo, y ruego que tengan misericordia por lo que he realizado [...]. Si me meten 16 años de cárcel y la ciudadanía de Tungurahua no está de acuerdo estoy dispuesto a pagar con toda mi vida en la cárcel, pero quiero vivir y pido a mi verdugo que no me mate [...]. A mí me han dicho que si mato a una, o mato a mil, la pena es de 16 años, y espero la ayuda de cerebros intelectuales para que la pena no sea mayor, porque estoy asustado y quiero vivir para hacer unos libros y más tarde conseguirme una ambateñita (las naturales de Ambato) que le agrade [...]. No estoy arrepentido de lo que he hecho porque si he recibido un poder, ese poder tiene como fin hacer el bien o el mal».

La defensa del asesino, un abogado de oficio de los Tribunales de Ambato, quiso imponer en el juicio, celebrado en 1981, el criterio de «incapacidad mental» y pidió la internación de Pedro Alonso López en un hospital psiquiátrico, pero no tuvo éxito: el acusado recibió la máxima pena que permitía en ese tiempo el Código Penal de Ecuador: 16 años de cárcel.

El Juzgado Penal de Tungurahua lo confinó primero la Cárcel de Ambato, donde estuvo detenido dos años, pero por su seguridad fue transferido al Penal García Moreno de Quito, convertido en un museo a partir de 2014. Pedro Alonso López fue destinado al Pabellón B, de violadores y asesinos. Lo más increíble es que no recibió en prisión ningún tipo de tratamiento para su psicosis y, cuando quedó en libertad al cumplir la condena, no hubo seguimiento de su caso.

Las fuertes protestas de los familiares de las víctimas de Pedro Alonso López obligaron al gobierno de Ecuador a modificar tiempo después el Código Penal y establecer un máximo de 25 años de cárcel para casos de asesinato múltiple.

Los periodistas de Ecuador fueron muy suspicaces con sus afirmaciones, porque antes de difundirlas consultaron a los psicólogos y psiquiatras que lo trataban: «Pedro miente, fantasea y repite lo que alguna vez escuchó a sus compañeros de reclusión. Esconde su vida y prefiere no hablar de su niñez», dijeron. El diagnóstico de los profesionales penitenciarios y de la salud arrojó datos reveladores sobre su historia. Pedro Alonso López tenía tendencia a «ser megalómano, egocéntrico y mitómano», por lo cual muchas de las apostillas acerca de su niñez podrían no ser verídicas, dijo a la prensa Elizabeth Álvarez, entonces directora de la Cárcel Número 3 de Quito, donde estuvo encarcelado.

Los psiquiatras indicaron que no podía deducirse que el rechazo y la desprotección de la madre hubieran generado sus conductas perversas de adulto, aunque citaron los conceptos de Freud en *Tres ensayos de teoría sexual*: «(Los niños crueles) casi siempre presentan una práctica sexual prematura e intensa proveniente de las zonas erógenas [...]. Por este motivo, los lazos entre las pulsiones crueles y erógenas pueden resultar inescindibles más tarde en la vida».

Estas contradicciones que mencionamos en su relato fueron admitidas por el propio Pedro Alonso López en una entrevista que le brindó al reportero ecuatoriano Ángel Lara Noriega en 1980: «Hablar con la verdad cuesta y cuesta mucho [...]. Qué saco yo contándoles mi verdad si solo se aprovechan de mi inocencia y de mi ingenuidad [...]. Si me hubiera casado a lo mejor no me sucedía lo que estoy pasando [...]. Quiero que me encierren en otro recinto carcelario del Ecuador, en Ambato sería lo ideal, en donde podré escribir una obra literaria».

Un dato curioso sobre las ambiciones artísticas de Pedro Alonso López es que era casi analfabeto. Sin embargo, en varias entrevistas sostuvo que pretendía escribir un libro sobre su vida.

El regreso a Colombia

«El Monstruo de Los Andes» cumplió solo 14 años y tres meses de reclusión entre las cárceles de Ambato y de Quito. Debido a su buen comportamiento en prisión, José Cobos Moscoso, juez de lo penal de la provincia de Chimborazo, le otorgó la libertad en agosto de 1994, siguiendo escrupulosamente el Código de Procedimiento ecuatoriano.

Cuando se difundió la noticia, la población de Ambato realizó una manifestación de protesta y reclamó al entonces presidente de la Nación, Sixto Durán-Ballén, un nuevo confinamiento para Pedro Alonso López, pero esto no prosperó.

Sin embargo, unas horas después de su liberación, el intendente de policía de Pichincha, Boanérges Villagómez, ordenó otra vez la captura del asesino con el argumento de que se trataba de un sujeto indocumentado, cuya estancia en Ecuador era por completo ilegal. Entonces Pedro Alonso López fue demorado en el Centro de Detención Provisional (CDP) de Ecuador y otro juez —quizás empujado por el presidente— decidió entablar un proceso para decidir su deportación. En el fallo, se apoyó en que Colombia le había requerido por vía diplomática como presunto culpable del asesinato de una niña en diciembre de 1979, casualmente en el pueblo donde vivía de niño, El Espinal.

El homicidio por el que iba a ser juzgado había ocurrido 15 años antes y estaba a punto de prescribir. Además, un incendio en los juzgados de El Espinal había destruido el expediente en 1991. Por eso, el 2 de septiembre de 1994, cuando Pedro Alonso López arribó a Colombia extraditado desde Ecuador, no se hallaba técnicamente detenido. Sin embargo, las autoridades determinaron que no podía dejársele libre debido a su peligrosidad, a riesgo de que volviera a fugarse y también, a la posibilidad de que algún familiar de sus tantas víctimas intentara asesinarle. Fue entonces que quedó bajo la custodia de un fuerte operativo militar.

El fiscal del Juzgado Penal de El Espinal, Fernando Vanegas, reconstruyó a toda velocidad el expediente con la declaración de los testigos que habían desfilado años antes frente a la Policía. Aunque el homicidio de Flor Alba Sánchez era apenas uno de los 11 casos que involucraba a Pedro Alonso López en Colombia, su importancia residía en que se trataba del único proceso judicial que podían proseguir, pues los restantes habían prescrito por el paso del tiempo según la Ley.

La víctima tenía 12 años cuando fue violada, asesinada y descuartizada por «El Monstruo de Los Andes» en esa ciudad que conocía tan bien por haber residido de niño y porque la frecuentaba durante sus múltiples incursiones por la triple frontera de Perú, Ecuador y Colombia. Además de someterla a violaciones y de estrangularla, Pedro Alonso López la desfiguró y decapitó para que nadie la reconociera y él tuviera tiempo suficiente para alcanzar la frontera de Ecuador en 1979. La adolescente fue identificada finalmente por su ropa, ya que del cuerpo no había quedado más que una pila de huesos, y la cabeza había sido enterrada en otro sitio.

El exceso de violencia con Flor Alba estuvo relacionado, según indicaron los peritos forenses, con el concepto de «desfeminización» al que sometía a sus víctimas: hubo muchos episodios en que las niñas quedaban desfiguradas, sobre todo, en el rostro y en la zona genital. En otros casos, directamente las desmembraba. Recordemos que la matanza de animales y el descuartizamiento fueron una de sus obsesiones de niño, a tal punto que evitaba la escuela y se escapaba al matadero. La operación de «El Monstruo de Los Andes» sobre Flor Alba fue tan traumática para su familia que la niña fue sepultada sin cabeza y recién un mes más tarde pudieron incorporarla al féretro.

La adolescente había vivido hasta el crimen en un entorno vulnerable en extremo. Como su familia era muy pobre, su madre había aceptado que Flor Alba trabajara haciendo compras o ayudando en tareas domésticas a otros vecinos. En una de sus caminatas hacia la casa de una patrona, la adolescente conoció en la calle a Pedro Alonso López.

El periodista Andrés Rivera Mejía, quien entrevistó en 2011 a la madre, también llamada Flor Alba, narró que la mujer se acusaba por la muerte de su hija por haberla mandado a trabajar:

> «Tuve que irme a confesar y yo le dije al padre (sacerdote): "Padre, a mí me pasó un caso que a mí me mataron a una niña y a mí me dicen que dizque (supuestamente) yo fui culpable de la muerte de la niña"». El sacerdote que la atendió, cuyo nombre no trascendió, tranquilizó a la madre: "Tranquila que usted no tiene ningún pecado ahí porque la niña se la mataron y listo. Si usted hubiera mandado a que se la mataran, si cargara ese cargo de conciencia y tenía ese pecado negro, pero tranquila", me dijo».

El cuerpo había sido descubierto en el monte por un hombre que buscaba leña. Más tarde, la madre se enteró a través de la revista colombiana *VEA* que el sospechoso de haber violado y matado a la niña se llamaba Pedro Alonso López.

Durante el juicio en los Tribunales de El Espinal, «El Monstruo de Los Andes» negó terminantemente haber matado a Flor Alba, pero su declaración indagatoria, como solía suceder, fue contradictoria. Después de mucho insistir en su inocencia, explicó a los magistrados que el día en que fue asesinada la niña estaba en el pueblo. Con el cinismo que lo caracterizaba, aseguró que se había enterado de ese asesinato por un rumor que circuló en El Espinal, pero inmediatamente después hizo una detallada descripción de la niña asesinada en su declaración, como si la hubiera conocido: «El asesinato de un chiquilla de que es así, así, que gordita que yo no sé, de que blanquita no sé, me contaron que la habían matao (sic)», dijo consultado por el fiscal.

Al igual que en Ecuador, los peritos forenses que le trataron en Colombia determinaron que era un psicópata y que tenía trastornos de personalidad, como megalomanía. Con estas pericias en mano, el abogado de Pedro Alonso López reclamó su inimputabilidad. En 1995, el Tribunal Penal de El Espinal le dio la razón al defensor y lo declaró «inimputable por demencia».

Tras este fallo, Pedro no podría ser juzgado por ninguno de los otros casos de violación y asesinato en los cuales pudiera estar involucrado, de acuerdo con el Código Penal de Colombia: el hecho de que estuviera enfermo determinaba una ausencia de dolo (malicia intencional). De esa manera, resultó impune de los múltiples crímenes cometidos en su país, al igual que había sucedido en Perú.

La decisión de la Justicia motivó, por supuesto, impugnaciones: su propia madre, Benilda López, suplicó ante el tribunal «con todo el dolor del corazón» que no soltaran a Pedro porque «podría venir y matarme»; mientras otros pobladores de El Espinal prometieron que se vengarían si le veían libre, y lo mismo sucedió del otro lado de la frontera, en Ecuador, cuando se difundió la noticia. Tras el juicio, Pedro Alonso López debió ser recluido en la Escuela Militar, cerca de la cárcel El Espinal, para evitar que la población lo linchara.

Por disposición del tribunal, el asesino fue internado en un centro psiquiátrico de Bogotá en lugar de una cárcel de máxima seguridad como hubiese correspondido. Sin duda, los jueces no tuvieron en cuenta en su fallo una de sus frases más terribles: «El momento de la muerte es apasionante, y excitante. Algún día, cuando esté en libertad, sentiré ese momento de nuevo. Estaré encantado de volver a matar. Es mi misión».

Durante sus años de reclusión en la clínica psiquiátrica, Pedro Alonso López envió cientos de cartas a los jueces del tribunal que lo recluyó y a los peritos forenses. ¿El objetivo?: convencerles de su recuperación. Ridículo o no, el poder de persuasión del psicópata fue superior al imaginado: los psiquiatras que habían comprendido el peligro que representaba cambiaron de parecer y admitieron que se estaba curando. Así, por increíble que parezca, consideraron que podría readaptarse a la sociedad, por lo cual le recomendaron al tribunal de El Espinal la prisión domiciliaria. Su astucia de predador, la misma que le había permitido engañar a sus víctimas, volvió a ejercitarse con los forenses que no supieron reconocer la peligrosidad que encarnaba «El Monstruo de Los Andes».

Capítulo 6

¿DÓNDE ESTÁ
PEDRO ALONSO LÓPEZ?

En consonancia con el *Manual de Diagnóstico y Estadística de los Trastornos Mentales* (o DSM, por sus siglas en inglés), realizado por la Asociación Estadounidense de Psiquiatría, Pedro Alonso López había sido catalogado por los forenses como un «sádico sexual y antisocial». Sádico, pues el sufrimiento físico que imponía a sus víctimas era una fuente de placer, tal cual él mismo había admitido. Antisocial porque así como él había sido abusado en la niñez, así se dedicó a abusar de otros, particularmente, de los más inocentes.

No se conoce a ciencia cierta cuál fue el número de víctimas total de «El Monstruo de Los Andes»: en Perú, no fue juzgado; en Ecuador, fue condenado por 57 violaciones y homicidios; y en Colombia, fue enjuiciado por un solo asesinato. El resto de las acusaciones que lo tenían como sospechoso (otras diez, en la zona de El Espinal, y unas 100 en Cali) habían prescrito con el tiempo según la Ley. Es decir, desde el punto de vista jurídico mató a 58 niñas y adolescentes, aunque fue acusado durante dos procesos penales por más de 100 crímenes. Finalmente, él mismo se había adjudicado más de 300. ¿Verdad o megalomanía?

Otro rasgo esencial de su carácter según los psiquiatras fue su incapacidad para establecer relaciones íntimas, una característica evidente en la conducta de Pedro Alonso López. Además, era notoria su falsedad y la manipulación que hacía de otras personas para obtener placer o dinero. Y, por supuesto, todo estaba envuelto por una falta de remordimiento absoluta: Pedro Alonso López no solo nunca se arrepintió, sino que se sentía orgulloso de sus crímenes. En resumen, fue un asesino en serie o según el *Manual de Clasificación del FBI* un «homicida sexual organizado». Si hubiera residido en Estados Unidos, hubiera recibido como mínimo cadena perpetua y, en muchos Estados, la pena de muerte.

En contraste, los jueces colombianos le impusieron apenas tres condiciones para que abandonara la clínica y cumpliera prisión domiciliaria: una insignificante fianza equivalente a 50 dólares, la continuación del tratamiento psiquiátrico y la obligación de presentarse todos los meses ante una oficina del Poder Judicial de Colombia, en cualquier ciudad que residiera. Pedro Alonso López aceptó y recuperó la libertad en 1998.

Apenas salió de la clínica, viajó hasta el territorio de su niñez, la ciudad de El Espinal, y visitó imprevistamente a su madre, la ya anciana Benilda López. Pese a los malos augurios que había expresado la mujer frente a los jueces, Pedro Alonso López fue relativamente compasivo esta vez. Ella relató que al aparecer de improviso en su casa le dijo: «Madrecita, arrodíllese que voy a echarle una bendición». Después de esa representación de bondad, «El Monstruo de Los Andes» le exigió que vendiera unos muebles de la vivienda y le diera dinero para viajar. Así, aunque no mostró con la mujer una actitud violenta como acostumbraba, arregló cuentas con ella.

Durante los primeros once meses, Pedro Alonso López cumplió rigurosamente con sus obligadas citas con la Justicia y mantuvo, hasta donde se supo, un perfil bajo. Sin embargo, un año después volvió a desaparecer imprevistamente: no se presentó ante el Poder Judicial ni fue visto nunca más por familiares y conocidos.

Su última comparecencia en Colombia fue el 22 de septiembre de 1999, cuando renovó su cédula de ciudadanía en el Registro Nacional de Estado Civil, a los 50 años. Desde entonces, se sabe poco y nada de su paradero. Si viviera, habría cumplido 72 años el 8 de octubre de 2020, y las probabilidades de que haya pasado más de dos décadas sin cometer un crimen son remotas, por lo que se cree que ha muerto.

Entre las hipótesis sobre su destino, podemos mencionar que grupos de padres de sus víctimas colombianas y ecuatorianas habían manifestado durante el juicio, en 1995, que si quedaba libre tomarían justicia por mano propia. De acuerdo con esta amenaza, algunos periodistas dedujeron que Pedro Alonso López fue ejecutado ilegalmente y sepultado por familiares de las víctimas en algún cañadón, como él hacía con las menores que asesinó. En cambio, su madre, Benilda López, estuvo segura hasta su muerte natural, en 2005, de que seguía vivo, aunque la razón entra en el terreno de lo sobrenatural: «Siempre que alguien cercano se ha muerto, su espíritu se me ha revelado, cosa que no ha ocurrido con Pedro todavía».

El 12 de enero de 1999, fue publicada la última entrevista a «El Monstruo de Los Andes». El periodista Ron Laytner del semanario sensacionalista estadounidense *National Examiner* transcribió las últimas declaraciones de Pedro Alonso López, tomadas a fines de 1998:

«Soy el hombre del siglo, nadie podrá olvidarme... (con orgullo). Iba por mis víctimas caminando por los mercados, buscando jovencitas con una mirada de inocencia y belleza en sus caras. Tenía que ser una buena niña, que anduviese con su madre. Las seguía por dos o tres días a veces, esperando que estuvieran solas, de ahí les ofrecía alguna chuchería, como un espejito para maquillarse, acto seguido me seguían hasta un arrabal donde les prometía regalarles otro para su madre [...]. Las llevaba a un escondite donde tenía las tumbas previamente cavadas. A veces había cuerpos de víctimas anteriores, todavía frescos, los cuales acariciaba y violaba para estar a tono. Todavía a la luz del día las violaba y empezaba a estrangularlas [...]. En un buen día, lo hacía todo con luz diurna y las miraba a los ojos, si no, era un total desperdicio. Tenía que observarlas morir. Qué momento más divino cuando ponía mis manos en la garganta de una jovencita y miraba sus ojos de terror. El momento de la muerte es entrañable y excitante. Solo los que han asesinado, saben de lo que hablo [...]. Les tomaba a las jóvenes más o menos 15 minutos en morir. Era bastante considerado. Me pasaba mucho tiempo a su lado, revisando si ellas estaban bien muertas, si no, tenía que matarlas de nuevo [...]. Nunca gritaban, porque no esperaban que algo así pasara. Eran muy inocentes [...]. A mis amiguitas les gustaba la compañía, a menudo ponía a tres o cuatro en una fosa, pero a veces me aburría, porque no se movían. Entonces tenía que ir a buscar más niñas».

En Ecuador, en cambio, continuaron soñando con «El Monstruo de Los Andes». Una versión periodística indicó que Pedro, con el dinero que le quitó a su madre y la ayuda de su hermano militar, se había fugado hacia ese país, donde supuestamente se habría casado con una joven mujer y habría tenido dos hijos. Esto nunca fue probado. No obstante, vecinos de la Avenida 3 de noviembre, en la ciudad de Cuenca, en el centro sur del país, denunciaron en 1999 que Pedro Alonso López residía en una casa abandonada. Es más, según informó el periodista local Francisco Pérez Fernández, Pedro Alonso López habría sido detenido ese año por indocumentado. Según dijo, se hallaba extremadamente delgado, mal vestido y asustado.

Luis Rodríguez, Jefe de la Policía de Cuenca, confirmó la noticia del periodista y sostuvo que «no hay indicios» de que Pedro Alonso López hubiera cometido «delito alguno desde que saliera de la clínica psiquiátrica colombiana». De todos modos, fue llevado al Centro de Detención Provisional para su interrogatorio y testimonió que se ganaba la vida como albañil.

Entonces la Policía de Cuenca puso el caso en manos del Servicio de Migraciones para una nueva deportación a Colombia. Pero como en Ecuador ya había cumplido su condena de cárcel y hubo defectos formales en la acusación, un abogado defensor consiguió su libertad.

Demostrando una vez más su desidia, las autoridades judiciales de Colombia reclamaron la captura de Pedro Alonso López

En 1998, cuando tenía 50 años, Pedro Alonso López
fue liberado de un centro neuropsiquiátrico. Desde
entonces, no se sabe nada de él.

por fuga recién en octubre de 2002, tres años después de su desaparición. El Gobierno emitió entonces un pedido de colaboración a Interpol, la policía internacional. La excusa para empezar a ocuparse otra vez de su paradero fue que una menor de edad había sido asesinada en El Espinal.

Como no hubo novedades, el propio Gobierno dio de baja el documento de identidad de Pedro Alonso López en 2005, después de una prueba de necrodactilia —una técnica para tomar impresiones digitales totales o parciales en cadáveres— a un cuerpo NN que fue descubierto enterrado a las afueras de la ciudad de El Espinal. Según consideran los peritos forenses, esta práctica es correcta siempre y cuando el fallecimiento sea reciente y las falanges distales de los dedos se encuentren en buen estado, lo que no suele ocurrir con restos sepultados directamente en la tierra.

En este caso, ni siquiera los expertos que revisaron el cadáver estaban completamente seguros de que se trataba de Pedro Alonso López, «El Monstruo de Los Andes», y ninguno de sus hermanos se presentó a reconocerle. De hecho, su cédula de identidad se encontraba vigente en 2018, según verificó el diario *El Tiempo*, mientras la Policía de Colombia mantenía su pedido de captura.

Entre las hipótesis más descabelladas, están los cientos de testimonios que presumieron haber visto a «El Monstruo de Los Andes». En 2010, hubo llamados anónimos de vecinos y denuncias formales en Bucaramanga y Floridablanca, en el departamento colombiano de Santander que dijeron haberle identificado: nunca se le encontró.

En 2012, en la ciudad de Tunja, capital del departamento de Boyacá, se produjo el homicidio de la niña Andrea Marcela García Buitrago y el programa de la televisión colombiana Crónicas RCN afirmó que Pedro Alonso López era sospechoso del crimen, debido que el *modus operandi* era similar al ejecutado contra la niña Flor Alba.

Su desaparición física —sea por muerte o porque se halla camuflado en algún lugar de América del Sur— generó dos consecuencias inesperadas: Pedro Alonso López, que pretendía ser famoso, logró convertirse en un mito y en una pesadilla recurrente para las familias de las víctimas. Y segundo, dejó en evidencia que los jueces de Colombia, Ecuador y Perú no estaban capacitados para tratar con un asesino en serie, al tiempo que demostraron una negligencia absoluta, ya que las niñas inmoladas por «El Monstruo de Los Andes» eran, en un 99%, de estratos sociales vulnerables y empobrecidos.

El resto de las hipótesis que se conocen, algunas con Pedro Alonso López vivo y otras con él muerto, carecen de seriedad y de pruebas testimoniales, por lo cual no las mencionaremos. Queda claro, eso sí, que un asesino en serie septuagenario todavía puede estar caminando entre nosotros.

PERFIL CRIMINAL

Nacimiento: Ipiales, Departamento de Nariño, Colombia, 8 de octubre de 1948.

Infancia y juventud: su padre murió seis meses antes de que naciera. Creció en un ambiente de extrema pobreza y vulnerabilidad. Su madre, que presuntamente ejercía la prostitución, le maltrataba y llegó a torturarle, según algunos testimonios.

Perfil: asesino serial, psicópata sexual.

Perfil psicológico: apenas hizo el segundo grado de la escuela primaria y estuvo internado en una escuela asilo. Era amable y tenía una buena dicción para el nivel sociocultural en que se movía. Fue diagnosticado por psiquiatras como pedófilo, perverso, megalómano, mitómano y sin empatía social. Se sentía orgulloso de sus crímenes y nunca mostró arrepentimiento.

Tipo de víctimas: niñas y adolescentes mujeres desde 8 a 13 años. La gran mayoría pertenecía a tribus de los pueblos originarios de Colombia, Ecuador y Perú.

Crímenes: si bien se jactó de haber cometido más de 300 violaciones y homicidios, la Justicia de Ecuador probó su participación en 57 crímenes. En Colombia fue juzgado por un solo caso, mientras otros 100 expedientes judiciales prescribieron por el paso del tiempo.

Modus operandi: engañaba a sus víctimas ofreciéndoles regalos o directamente dinero, las apartaba de sus lugares de residencia hasta baldíos en zonas urbanas o bosques en zonas rurales. Allí las violaba, las estrangulaba y las enterraba.

Condena: en Ecuador fue sentenciado a 16 años de prisión, pero solo cumplió 14 y tres meses por buena conducta. En Colombia, fue encerrado en una clínica psiquiátrica de Bogotá. Cuatro años después, le otorgaron detención domiciliaria. Se fugó un año más tarde y nunca más se supo de él. Se desconoce si sigue vivo.

Bibliografía

Cruz Niño, *Esteban. Los Monstruos en Colombia sí existen: Asesinos en Serie.* Penguin Random House, 2013.

Durigon, Néstor. *Asesinos seriales.* Penguin Random House, 2018.

Foucault, Michel. *Microfísica del poder.* La Piqueta, 1992.

Freud, Sigmund. *Tres ensayos de teoría sexual.* Obras completas, tomo VII, Amorrortu Editores, 1999.

Gibson, Dirk. *Serial Killers Around the World: The Global Dimensions of Serial Murder.* Bentham, 2018.

Jiménez Becerra, Absalón. *Infancia: Ruptura y discontinuidades de su Historia en Colombia.* Ecoie Ediciones, 2017.

Rivera Mejía, Andrés. *Los monstruos sí existen. Reportaje sobre el más grande asesino en serie del mundo: el colombiano Pedro Alonso López.* Pontificia Universidad Javeriana, 2011.

Rodríguez Prieto, Sergio Iván. *Autosustentabilidad económica y social de las cárceles en Colombia: Utopías y Realidades.* Universidad Nacional Abierta y a Distancia de Bogotá, 2018. https://repository.unad.edu.co/bitstream/handle/10596/21501/80757270.pdf?sequence=1&isAllowed=y

Rosenfeld, Ana Isabel. *El monstruo de Los Andes: aproximación psicoanalítica a un caso de asesino en serie.* Pontificia Universidad Católica del Ecuador, 2005.

Ruiz, J., Hernández, M., Bolaños, L. *Gamines, instituciones y cultura de la calle.* Corporación Extramuros, 1988.

Schechter, Harold y Everitt, David. *The A to Z encyclopedia of serial killers,* Pocket Books, 1996.

Villaverde, Y. *Asesinos en serie: casos reales.* Autopublicado, 2017.

TÍTULOS DE LA COLECCIÓN

ALEXANDER PICHUSHKIN
EL ASESINO DEL AJEDREZ

* * *

PEDRO ALONSO LÓPEZ
EL MONSTRUO DE LOS ANDES

* * *

HAROLD SHIPMAN
EL DOCTOR MUERTE

* * *

ARQUÍMEDES PUCCIO
EL SINIESTRO LÍDER DEL CLAN

* * *

GILBERTO CHAMBA
EL MONSTRUO DE MACHALA

* * *

MARY BELL
LA NIÑA ASESINA

* * *

DONATO BILANCIA
EL ASESINO DEL TREN

* * *

JACK EL DESTRIPADOR
EL TERROR DE WHITECHAPEL

* * *

MANUEL DELGADO VILLEGAS
EL ARROPIERO: UN PSICÓPATA NECRÓFILO

* * *

JEAN-CLAUDE ROMAND
EL PARRICIDA MITÓMANO